建筑业数字化转型应用报告
（2022）

《建筑业数字化转型应用报告（2022）》编委会 著

中国建筑工业出版社

图书在版编目（CIP）数据

建筑业数字化转型应用报告.2022/《建筑业数字化转型应用报告（2022）》编委会著.—北京：中国建筑工业出版社，2022.11

ISBN 978-7-112-28121-3

Ⅰ.①建… Ⅱ.①建… Ⅲ.①建筑业—数字化—研究报告—中国—2022 Ⅳ.①F426.9

中国版本图书馆CIP数据核字（2022）第207949号

《建筑业数字化转型应用报告（2022）》由中国建筑业协会与广联达科技股份有限公司联合策划编写，本书旨在通过专业、全面、系统、深入的调研，摸底现阶段建筑业数字化应用现状，并从各个维度进行总结梳理，以供建筑业从业人员以及对建筑业数字化转型感兴趣的读者使用。

《建筑业数字化转型应用报告（2022）》拥有行业视角、专业深度和全面系统性；具有权威、全面的调研数据，能真实反映行业现状，科学预判行业发展；对于不同类型、不同阶段的建筑业企业、政府行管部门均具有参考、借鉴价值，拥有行业公信力。

责任编辑：徐仲莉　王砾瑶
责任校对：李美娜

建筑业数字化转型应用报告（2022）

《建筑业数字化转型应用报告（2022）》编委会　著

*

中国建筑工业出版社出版、发行（北京海淀三里河路9号）
各地新华书店、建筑书店经销
北京点击世代文化传媒有限公司制版
北京中科印刷有限公司印刷

*

开本：787毫米×1092毫米　1/16　印张：10¼　字数：193千字
2022年11月第一版　2022年11月第一次印刷
定价：**50.00**元
ISBN 978-7-112-28121-3
　　（40203）

版权所有　翻印必究
如有印装质量问题，可寄本社图书出版中心退换
（邮政编码 100037）

《建筑业数字化转型应用报告（2022）》编委会

专家顾问：

齐　骥　丁烈云　吴慧娟　景　万

主　　编：

毛志兵　汪少山

副 主 编：

李　菲　李秋丹　刘　刚　彭前立

编委会委员：

李卫军　王和义　蒋　艺　王一力

赵保东　刘　蕾　安凤杰　何桂鹏

编写组成员（按拼音首字母排序）：

安瑞杰　房建华　何其飞　胡海鸣　黄山川　梁俊峰

王洪新　王　旭　徐荣华　杨　颐　赵　迪

企业代表（按调研时间排序）：

重庆中环建设有限公司

匡　波：党委书记

贾家银：副总经理/总工程师

白万永：副总经理

王袖彬：人力资源部经理

袁海军：信息中心主任工程师

刘　静：总经理办公室副主任

重庆交通建设（集团）有限责任公司

李海涛：董事长

向　兵：副总经理/总工程师

汪　平：副总工程师

史　勇：总工办主任

华姿建设集团有限公司

练渝珊：总裁助理兼财务管理部总经理

重庆建工住宅建设有限公司

曾凡贵：总经理

陈怡宏：副总经理/总工程师

阎　斌：信息中心主任

余　杰：BIM中心主任

汉江城建集团有限公司

蔡　军：党委副书记/副董事长/总经理

陈红英：党委委员/副总经理

刘　一：工程管理部部长

徐　斌：综合部部长

曹亦斌：BIM中心主任

易世雄：工程管理部科员

中建科技集团有限公司

贾　宁：CIO

刘根民：资深经理

中建一局（集团）有限公司

周志萍：数字化管理部总经理

蒋圣平：数字化管理部副总经理

丁潮华：数字化管理部助理总经理

刘强华：数字化管理部助理总经理

湖南东方红建设集团有限公司

郑智洪：建筑公司总经理

欧长虹：技术中心主任

袁　璐：信息中心总监

五矿二十三冶建设集团有限公司

宁和球：党委书记 / 董事长

邹　健：首席信息官 / 信息管理部总经理

黄喆伦：信息管理部高级经理

吴海峰：信息管理部智慧建造负责人

彭一哲：信息管理部专业经理

北京建工集团有限责任公司

刘睦南：信息管理部部长 / 智能建造中心主任

杨震卿：信息管理部副部长 / 智能建造中心副主任

刘京海：智能建造中心数据资产管理部部长

赵　巍：智能建造中心数据资产管理部副部长

孟京伟：智能建造中心数据资产管理部数据治理技术负责人

长春建工集团有限公司

陶　冶：党委书记 / 董事长 / 总经理

张洪旗：副总经理

程怀军：副总经理

金恒垚：技术研发中心副主任

长春鸿祥建设工程有限公司

李明远：总经理

王继兴：副总经理

李新志：副总经理

吴世伟：信息化中心主任

黑龙江省建工集团有限责任公司

石新波：党委副书记 / 副董事长 / 总经理

王　威：总工程师

韩国瑞：科技发展事业部 BIM 中心主任

范文亮：科技发展事业部科技主管

中国建筑第七工程局有限公司

尹　超：首席信息官 / 信息化管理部总经理

河南天工建设集团有限公司

张　超：党委书记 / 董事长

李正文：党委副书记／副董事长／副总经理

马丙珍：总经理

宋晨阳：信息中心主任

郑伦久：企业发展部经理

白长河：财务部经理

曾　涛：成本控制部经理

高新朝：安全管理部经理

贾富彬：施工管理部信息化主管

中国建筑第二工程局有限公司

杜劲峰：信息化管理部总经理

菏泽城建工程发展集团有限公司

晋卫兵：总经理

李松涛：副总经理／信息化分管领导

宋汐文：财务管理部经理

刘化阵：企业管理部经理

曹筱雅：信息化中心经理

万广明：办公室副经理

张　振：组织人事部副经理

毕怀玺：建筑板块信息化关键用户

宋成立：市政板块信息化关键用户

济南二建集团工程有限公司

寇学武：副董事长

魏全文：信息化推动运营办公室主任

梁乃健：BIM工作室主任

费忠阳：B1M工作室副主任

中天控股集团有限公司

徐　晗：新建造研究总院院长／副总工程师

钟韶武：信息化总监

龚旭峰：技术发展部副总经理

黄　山：新建造研究总院院长助理

张海滨：信息化总监助理

尤克泉：技术发展部总经理助理

浙江交工集团股份有限公司

韩小华：副总经济师 / 数字化改革领导小组副组长

曾先才：数字化事业部总经理

宁英杰：建筑工业化事业部总工程师

林　捷：数字化事业部总经理助理

施向明：数字化事业部创新研究部经理

杨献裕：数字化事业部软件开发部副经理

章竑骎：数字化事业部 BIM 管理部副经理

金　曦：数字化事业部信息保障部副经理

杨智慧：数字化事业部产品部副经理

浙江省建设投资集团股份有限公司

金　睿：科技信息部总经理

李明明：科技信息部副总经理

关　俭：科技信息部经理助理

周　超：科技信息部系统主管

上海宝冶集团有限公司

刘洪亮：总工程师

江西省建工集团有限责任公司

俞文生：总经理

陈仁华：副总经理

李新刚：总工程师

李永华：信息管理部部长

中国建筑第五工程局有限公司

邓尤东：副总经理

文章英：信息管理部总经理

陕西建工控股集团有限公司

莫　勇：副董事长 / 陕西建工集团股份有限公司总经理 / 陕西建工集团数字科技有限公司董事长

李　宁：信息管理部经理 / 陕西建工集团数字科技有限公司总经理

周　鹏：集中采购中心经理 / 陕西建工材料设备物流集团有限公司董事长

时　炜：科技创新部经理/陕西建工未来城市创新科技有限公司
　　　　董事长
李　琛：陕西建工集团数字科技有限公司办公室副主任
赵　泉：陕西建工集团数字科技有限公司人力资源副经理
巴　磊：陕西建工集团数字科技有限公司商务合约部经理
步　帆：陕西建工集团数字科技有限公司建设管理经理
郭　祯：陕西建工集团数字科技有限公司运维管理中心副经理
李　艳：陕西建工集团数字科技有限公司商务管理部副经理
万靖宇：陕西建工集团数字科技有限公司产品研发部副经理
王小斌：陕西建工集团数字科技有限公司智能建造中心副经理
雷　硕：陕西建工集团数字科技有限公司业务架构师
丁清泉：陕西建工集团数字科技有限公司PMO常务委员

主编单位：

中国建筑业协会　广联达科技股份有限公司

参编单位：

中建协认证中心有限公司
重庆中环建设有限公司
重庆交通建设（集团）有限责任公司
华姿建设集团有限公司
重庆建工住宅建设有限公司
汉江城建集团有限公司
中建科技集团有限公司
中建一局（集团）有限公司
湖南东方红建设集团有限公司
五矿二十三冶建设集团有限公司
北京建工集团有限责任公司
长春建工集团有限公司
长春鸿祥建设工程有限公司
黑龙江省建工集团有限责任公司
中国建筑第七工程局有限公司

河南天工建设集团有限公司
中国建筑第二工程局有限公司
菏泽城建工程发展集团有限公司
济南二建集团工程有限公司
中天控股集团有限公司
浙江交工集团股份有限公司
浙江省建设投资集团股份有限公司
上海宝冶集团有限公司
江西省建工集团有限责任公司
中国建筑第五工程局有限公司
陕西建工控股集团有限公司

前　言

随着《中华人民共和国国民经济和社会发展第十四个五年规划和2035年远景目标纲要》和《"十四五"数字经济发展规划》的出台，国家层面已明确将发展数字经济上升为国家战略。以数字技术赋能产业转型升级，对实现传统产业与数字技术深度融合发展，促进我国传统产业向中高端迈进具有十分重大的意义。作为国民经济支柱产业之一，中国建筑业正面临时代的机遇和挑战，而大多数建筑企业仍处于不了解数字化、没有经验可以借鉴的境地。为进一步推进《"十四五"数字经济发展规划》及有关政策落地，加快推动新一代信息技术与建筑工业化技术协同发展，在建造全过程加大数字技术的集成与创新应用，增强中国建筑业企业国际竞争力，中国建筑业协会与广联达科技股份有限公司联合策划编写《建筑业数字化转型应用报告（2022）》（以下简称《报告》）。

《报告》旨在通过专业、全面、系统、深入的调研，摸底现阶段建筑业数字化应用现状，并从各个维度进行总结梳理，以供建筑业从业人员以及对建筑业数字化转型感兴趣的读者使用。《报告》拥有行业视角、专业深度和全面系统性；具有权威、全面的调研数据，能真实反映行业现状，科学预判行业发展；对于不同类型、不同阶段的建筑业企业，政府行管部门均具有参考、借鉴价值，拥有行业公信力。《报告》共分为4章。

第1章"建筑业数字化应用情况调研"：希望通过全面、系统、深入的调研，摸底建筑业数字化应用情况并进行分析总结。首先编委会邀请了来自行管部门、企业、科研院校的领导和专家对数字化转型的情况进行了权威解读，并给予赋有前瞻性的研判；之后编委会根据领导和专家的访谈结论，系统地设计了一套调研题目，并对1000余位不同岗位、不同企业的建筑业从业者进行抽样调研，以数据形式呈现；最后编委会又选择了不同性质、不同规模的26家企业的负责数字化工作的人员进行了企业实地走访，更深层面地发现了企业在数字化转型中的一些规律和问题。

第 2 章 "建筑业数字化转型的内涵与影响因素"：希望立足建筑业数字化应用的各个场景，对数字化转型的内涵进行了深入挖掘，并辅以影响数字化转型的因素分析，帮助读者厘清对数字化转型的认知误区。首先根据综合调研情况，编委会针对数字化转型的内涵进行了总结，详细阐述了数字化转型的内容，并结合调研中发现的企业对数字化应用的诉求，梳理了数字化转型与企业管理升级和战略转型的关系。

第 3 章 "建筑业企业数字化转型的重点工作"：本章节也是这本报告的核心部分之一，在系统性调研过程中编委会发现，具有不同特征、不同发展诉求、不同发展阶段的企业数字化转型的重点工作也不尽相同，我们希望通过对建筑业企业数字化转型重点工作的总结和梳理，帮助企业从数字化转型的战略规划出发，明确当下需要重点展开的工作以及在过程中所需要关注的重点。

第 4 章 "建筑业企业数字化转型方式探索"：从企业数字化转型的关键点切入，在落地执行层面为企业开展数字化转型工作提供方式上的参考，并附建筑业典型性企业数字化应用调研情况汇编，将深度调研的 26 家企业其中的 23 家企业的情况进行了集中呈现，可供读者进一步地了解和借鉴。

《报告》从立项之初即得到中国建筑业协会领导的高度重视和行业同仁的广泛支持。编委会衷心感谢众多行业专家和广大建筑业同仁一直以来的倾情参与，正是因为有你们的帮助和支持，我们才迎来《建筑业数字化转型应用报告（2022）》的顺利出版。建筑业数字化转型复杂系统，非一书能道其精髓，限于编著者的学识水平和实践经验，挂漏与不足在所难免，诚请方家及广大读者指正。

目 录

第1章 建筑业数字化应用情况调研 ················· 001
  1.1 建筑业数字化应用情况专家调研 ················· 002
    1.1.1 专家调研——齐骥 ················· 002
    1.1.2 专家调研——丁烈云 ················· 005
    1.1.3 专家调研——毛志兵 ················· 009
    1.1.4 专家调研——汪少山 ················· 012
  1.2 建筑业数字化应用情况线上问卷调研 ················· 018
    1.2.1 调研背景 ················· 018
    1.2.2 调研数据情况 ················· 021
  1.3 建筑业典型企业数字化应用情况分析 ················· 037

第2章 建筑业数字化转型的内涵与影响因素 ················· 041
  2.1 数字化转型的内涵 ················· 042
    2.1.1 数字化转型的内容 ················· 042
    2.1.2 数字化转型与管理升级 ················· 044
    2.1.3 数字化转型与企业战略 ················· 045
  2.2 数字化转型的影响因素 ················· 046
    2.2.1 建筑业企业数字化转型政策环境分析 ················· 046
    2.2.2 建筑业企业数字化转型市场环境分析 ················· 053
    2.2.3 建筑业企业数字化转型发展需求分析 ················· 055

第3章 建筑业企业数字化转型的重点工作 ················· 059
  3.1 业务数字化 ················· 060
    3.1.1 业务数字化工作的主要目的 ················· 061

3.1.2 业务数字化工作的主要内容 …………………………… 062
　　　3.1.3 业务数字化工作的注意事项 …………………………… 064
　3.2 数据治理 …………………………………………………………… 065
　　　3.2.1 数据治理工作的主要目的 ……………………………… 065
　　　3.2.2 数据治理工作的主要内容 ……………………………… 066
　　　3.2.3 数据治理工作的注意事项 ……………………………… 068
　3.3 平台规划 …………………………………………………………… 069
　　　3.3.1 平台规划的主要目的 …………………………………… 070
　　　3.3.2 平台规划的主要内容 …………………………………… 072
　　　3.3.3 平台规划的注意事项 …………………………………… 073

第4章 建筑业企业数字化转型方式探索 …………………………… 075
　4.1 企业数字化转型的认知共识 ……………………………………… 076
　4.2 企业数字化转型的顶层规划 ……………………………………… 078
　4.3 企业数字化转型的组织建设 ……………………………………… 080
　4.4 企业数字化转型的机制流程 ……………………………………… 081

附录A 建筑业典型性企业数字化应用调研情况汇编 ………………… 085
　A.1 重庆中环建设有限公司数字化转型应用情况调研 …………… 086
　A.2 重庆交通建设（集团）有限责任公司数字化转型应用情况调研 … 090
　A.3 华姿建设集团有限公司数字化转型应用情况调研 …………… 093
　A.4 重庆建工住宅建设有限公司数字化转型应用情况调研 ……… 096
　A.5 汉江城建集团有限公司数字化转型应用情况调研 …………… 098
　A.6 中建科技集团有限公司数字化转型应用情况调研 …………… 102
　A.7 中国建筑一局（集团）有限公司数字化转型应用情况调研 … 105
　A.8 五矿二十三冶建设集团有限公司数字化转型应用情况调研 … 108
　A.9 北京建工集团有限公司数字化转型应用情况调研 …………… 111
　A.10 长春建工集团有限公司数字化转型应用情况调研 …………… 115
　A.11 长春鸿祥建设工程有限公司数字化转型应用情况调研 ……… 117
　A.12 黑龙江省建工集团有限责任公司数字化转型应用情况调研 … 120
　A.13 中国建筑第七工程局有限公司数字化转型应用情况调研 …… 123
　A.14 河南天工建设集团有限公司数字化转型应用情况调研 ……… 126

A.15 菏泽城建工程发展集团有限公司数字化转型应用情况调研 … 129
A.16 济南二建集团工程有限公司数字化转型应用情况调研 ……… 132
A.17 中天控股集团有限公司数字化转型应用情况调研 …………… 134
A.18 浙江交工集团股份有限公司数字化转型应用情况调研 ……… 137
A.19 浙江省建设投资集团股份有限公司数字化转型应用情况调研 140
A.20 上海宝冶集团有限公司数字化转型应用情况调研 …………… 144
A.21 江西省建工集团有限责任公司数字化转型应用情况调研 …… 147
A.22 中国建筑第五工程局有限公司数字化转型应用情况调研 …… 150
A.23 陕西建工控股集团有限公司数字化转型应用情况调研 ……… 153

第1章
建筑业数字化应用情况调研

为深入了解建筑业数字化建设现状，推动数字化转型理念在业内的认知普及和价值落地，由中国建筑业协会牵头，联合广联达科技股份有限公司组织开展了"建筑业数字化转型应用情况调研"。调研工作兼具调研范围的广度和调研方式的深度，既有针对建筑业行管、企业、科研院校领导及专家的深度调研，也有对建筑业从业者的线上问卷调研，还有对企业及其高管的实地走访和调研。编委会深度访谈了中国建筑业协会会长齐骥、中国工程院院士丁烈云、中国建筑股份有限公司原总工程师毛志兵、广联达科技股份有限公司高级副总裁汪少山四位来自行管部门、企业、科研院校的领导和专家；共回收了1019份建筑业从业者调研问卷，通过翔实的数据反映了建筑业企业数字化转型现状；实地走访了全国各地26家建筑业企业，与企业高层进行了面对面的深入交流探讨，了解企业数字化转型特征，收集企业在数字化转型过程中面临的问题和建议。本章节将对以上调研内容进行集中阐述。

1.1 建筑业数字化应用情况专家调研

相较于数字化应用相对成熟的行业，建筑业数字化的应用情况还处于初期阶段，对于数字化的认知共识还需要提升。为此，编委会对行业内行管、企业、科研院校的领导和专家代表进行了深度访谈，旨在打开更加全面深入的视角，为下面开展建筑业数字化应用情况的调研进行细致的准备。针对建筑业数字化应用推进情况，每位专家做了相对系统的分析和解读。结合各专家的不同行业背景，分析和解读的问题有所差异，或针对类似的问题，不同专家从不同角度进行了总结，本小节为读者呈现各位专家的访谈内容。

1.1.1 专家调研——齐骥

问题1：建筑业从高速发展向高质量发展迈进的过程中，您认为将有哪些

方面的方向和趋势转变?

党的十九大报告中明确指出,我国经济已由高速增长阶段转向高质量发展阶段。这是以习近平同志为核心的党中央根据国际、国内环境变化,特别是我国发展条件和发展阶段变化作出的重大判断。建筑业也面临高质量发展这一课题。未来建筑业的高质量发展主要有3个方向:

一是工业化。目前国家正在大力推广装配式建筑,建筑工业化是推广装配式建筑的基础和前提。通过模数化、标准化,在工厂加工制作好建筑用构件和配件,如楼板、墙板、楼梯、阳台等,再运输到建筑施工现场,通过可靠的连接方式在现场装配安装。只有通过这种方式,把大量现场作业转移到工厂进行,才能真正实现高质量、高水平的"工厂制造、工地建造"。

二是绿色化。国家"十四五"规划等文件已经明确提出了碳达峰、碳中和目标。从多方统计数据来看,建筑业是碳排放大户。联合国环境规划署计算,建筑行业消耗了全球30%~40%的能源。其中,建材生产阶段、建筑运维阶段的碳排放量占比最大,相比较而言,施工阶段能耗并不占主要部分。建筑业的节能减排,一方面运用新技术,对传统建筑材料进行更新迭代;另一方面大力推广绿色建筑、超低能耗建筑、智能家居用品,最大限度地降低在建筑运维阶段的能耗和损失。

三是智能化。如何抓住数字经济的发展机遇,是当前建筑业面临的最大挑战。智能化主要是指新一代信息技术与传统建筑业的深度融合,加快推进建筑业数字化转型,打造建筑业全产业链贯通的智能建造产业体系。2020年,国家13部委联合印发的《关于推动智能建造与建筑工业化协同发展的指导意见》为建筑业提升数字化水平提供了遵循。此外,要着力推进工业互联网平台在建筑领域的融合应用,加快建立涵盖招标投标、采购、设计、施工、运维、政府监管等全方位、多功能的建筑产业互联网平台,充分运用新一代信息技术,打造"中国建造"升级版。

问题2:推动建筑业数字化、智能化健康长足发展,您认为有哪些重要角色,能分别从哪些角度发力?

数字化、智能化发展是一项系统性、战略性、长期性的任务,受到政策环境、市场环境、研发部署等诸多因素的影响,涉及多个行业、多个建设主体;需要对工程供应链不同环节、生产体系与组织方式、企业与产业间合作等进行全方位赋能。

管理机构层面,构建国家、行业、企业完善的产业创新基地,引领和示范建造产业的科技创新，充分发挥科研机构的辐射和带动作用，有助于建造产业关键核心技术的突破和转化应用，能够促进建造产业创新的集聚发展，为推动中国建造转型升级和高质量发展提供支撑引领作用。

拓宽建造产业创新支持渠道，加大资源支持规模。鼓励各级政府加大财政扶持力度，建立稳定支持和竞争性支持相结合的资金投入机制，着力支持建造产业关键技术研发与成果产业化。建立以政府扶持为引导、企业投入为主体、多元社会资金参与的创新投入机制，提升资源配置效率，推动孵化新技术、新产品。

建立相应的标准体系和技术评估机制。重点围绕各类工程数据在项目全生命周期的应用，研制相关标准及技术框架，依托现有的国家和社会检测认证资源，对技术发展与应用水平进行客观评估。阶段性开展国内外发展比对分析，对不足之处进行科学指引和及时调整。

建立规范有序的市场环境，构建公平竞争的商业市场体系，完善相关法律法规，加大知识产权的宣传和保护力度；发挥行业协会在行业自律和规范市场秩序中的积极作用，协助加强反垄断、反倾销工作，制止不正当竞争，加强知识产权的宣传和保护力度。

建筑业企业层面，紧扣市场需求，深化市场调研并积极布局，围绕 BIM 与数字设计、智能工地、无人施工系统、工程大数据平台等具体方向，坚持以应用为主导开展技术研发，着力解决行业痛点、难点问题。完善市场反馈机制，不断升级产品功能、性能与基础服务，打造符合市场需求、面向行业未来的优质产品与服务，逐步积累并壮大客户群体。

技术应用单位应与技术研发单位开展产业链协同合作，建立合作生态。发挥骨干研发单位的技术优势、应用单位的需求牵引效应，以实际应用驱动技术落地。通过深度合作，形成资源互补、价值共创局面，搭建面向工程全生命周期的整体解决方案及协作流程，提升体系化发展能力。

问题3：从行管视角看，推动建筑业数字化、智能化发展的重要因素有哪些？

首先，数字化技术与应用是推动建筑业转型发展的重要引擎。为了更好地实现建筑业的数字化转型升级，近几年政府以及社会组织对数字化应用发展的重视力度持续加强。在推动建筑业发展的进程中，主要有3个方面的因素需要重视。

第一，引领和鼓励建筑业企业先用起来。尽管数字化技术已经经历了十几年的发展，但从价值探索和应用方法上还需要积累更丰富的经验。另外，通过大量业务场景下的数字化应用，可以积累相关的数据资产，为建筑业的数字化转型早日实现提供大数据支撑。

第二，提供良好的数字化应用环境。对于建筑业企业而言，数字化技术本身就是新技术，从接受到习惯需要一个过程。在这个过程中，能否提供良好的数字化应用环境对数字化发展起到非常大的影响。例如政策层面的鼓励、数字化相关软件和平台的易用性、数据应用标准的建立等都将大大影响数字化技术在行业中推进的效果，所以说数字化应用的发展需要一个良好的环境，这一点至关重要。

第三，培养优秀的数字化应用人才。企业对于数字化人才需求的迫切性可见一斑。数字化应用人才不仅是只会建模型、会用软件这么简单，优秀的数字化应用人才需要掌握利用数字化技术解决工程项目在建设过程中的实际问题，这就要求此类型人才既要精通数字化技术的相关应用，又要具备工程建设能力和丰富的实践经验。大力培养这种复合型技术人才，满足企业在数字化工作推进中的人才需求是十分重要的。

1.1.2 专家调研——丁烈云

问题1：建筑业的高质量发展要求给行业提出了全新挑战，您认为应如何让数字技术更高效地服务建筑行业？

利用数字技术服务好建筑业，或者说建筑业要如何运用好数字技术：一是要有数字化思维。新一轮科技革命有两个基本特征，技术核心是人工智能，产业形态是数字经济，这是当前的发展趋势。二是要走新型建筑工业化道路，工业化更容易实现数字化和智能化，由于用户对建筑产品的需求是个性化的，而工业化又是标准化，如何处理好个性化与标准化的关系，是当下面临的一个挑战。三是要处理好数字化与绿色化之间的关系，国家提出了2030年碳达峰、2060年碳中和目标，如何利用数字技术，设计建造更多的绿色建筑，也是需要考虑的。

具体来说，以信息技术、数字技术与工程建造融合形成的智能建造新模式，实现数字链驱动下的立项策划、规划设计、施（加）工生产、运维服务一体化集成与高效协同，交付以人为本、智能化的绿色可持续工程产品与服务。其赋能工程生产体系与组织方式，促进工程建造过程的互联互通、线上线下融合、资源与要素协同，并积极推动建筑业、制造业和信息产业形成合力。这是提升产业发展质量、实现由劳动密集型生产方式向技术密集型生产方式转变的必经之路，也是对《中华人民共和国国民经济和社会发展第十四个五年规划和2035年远景目标纲要》强调"加快建设数字经济、数字社会、数字政府，以数字化转型整体驱动生产方式、生活方式和治理方式变革"的适时回应。

问题2：在您看来，当下建筑业企业数字化转型过程中所面临的主要困境有哪些？

经过长时间的发展和积淀，我国数字化、智能化已经形成一系列成果。但面对国内建筑业转型升级需求，对照全球发达国家发展势态，仍然面临诸多问题。

市场环境层面，建筑业企业已形成对国外相关产品的使用习惯，产生了数据依存，相关产品替换难度较大；国产产品用户基数小，缺少市场意见反馈，进一步加大了与国外同类产品在功能和性能等方面的差距。

企业部署层面，国内厂商战略部署不清晰，未形成与上下游的深度沟通，不利于产品布局的纵深发展；国内厂商起步晚，生态基础薄弱，资源分散严重，不少国产产品在细分市场中仍处于整体价值链的中低端位置；国内厂商的自主创新能力与意识仍然较弱，国际领先的创新成果相对较少。

核心资源层面，在核心资源方面，标准体系有待健全，相关研发缺少基础数据标准，市场适应性和服务能力有待提高；核心技术薄弱，较多依赖在国外企业技术基础上的二次开发；缺乏完善的应用生态，无法形成面向项目全生命周期的智能化集成应用；缺少高端的复合型人才，尚未建立相关人才的引进、培养与储备方案。

问题3：您认为当前我国建筑业数字化、智能化发展的重点任务有哪些？

建筑业要发展面向全产业链一体化的工程软件、面向智能工地的工程物联网、面向人机共融的智能化工程机械、面向智能决策的工程大数据等领域技术，支持工程建造全过程、全要素、全参与方协同和产业转型。因此，作为连接底层通用技术与上层业务的枢纽，领域技术的发展将对智能建造的发展起到关键作用。对此应坚持推进自主化发展，遵循"典型引路、梯度推进"原则，向补短板、显特色、促升级、强优势几方面努力。

工程软件层面，随着计算机技术的不断发展，工程建造领域逐渐形成了以建筑信息模型（BIM）为核心、面向全产业链一体化的工程软件体系，包括设计建模、工程分析、项目管理等类型，贯穿工程项目各阶段。不同类型的工程软件相互协同，支持建设项目全生命周期业务的自动化和决策的科学化。

当前，我国工程软件存在整体实力较弱、核心技术缺失等诸多问题，呈现出"管理软件强，技术软件弱；低端软件多，高端软件少"的局面，市场份额较多被国外软件占据。在设计建模软件方面，国产工程软件依然面临严重的"缺魂少擎"问题。面对国外工程软件的冲击，国产设计建模软件很难在短时间内建立竞争优势。在工程设计分析软件方面，接近60%的主流软件来自国外，有强大的分析计算能力、复杂模型处理能力；在复杂工程问题分析方面，国产软件依然任重道远。在工程项目管理软件方面，得益于对国内规范、项目业务流程的高度支持，加之国内厂商的持续研发投入，国产软件已经形成了较完整的产品链。

工程软件加强"补短板"，解决软件"无魂"问题，需要：在明确国内外工程软件差距的基础上，大力支持工程软件技术研发和产品化，集中攻关"卡脖子"痛点，提升三维图形引擎的自主可控水平；面向房屋建筑、基础设施等工程建造项目的实际需求，加强国产工程软件创新应用，逐步实现工程软件的国产替代；加快制定工程软件标准体系，完善测评机制，形成以自主可控 BIM 软件为核心的全产业链一体化软件生态。

工程物联网层面，工程物联网作为物联网技术在工程建造领域的拓展，通过各类传感器感知工程要素状态信息，依托统一定义的数据接口和中间件构建数据通道。工程物联网将改善施工现场管理模式，支持实现对"人的不安全行为、物的不安全状态、环境的不安全因素"的全面监管。

在工程物联网的支持下，施工现场将具备如下特征：一是以移动互联网、智能物联等多重组合为基础，实现万物互联；二是以信息及时感知和传输为基础，工程要素信息高效整合；三是工程各参与方通过统一平台实现信息共享、全面协同，提升跨部门、跨项目、跨区域多层级共享能力。

当前，我国工程物联网的技术水平和国外相比仍有较大差距。美国、日本、德国的传感器品类已经超过20000种，占据了全球超过70%的传感器市场。我国90%的中高端传感器依赖进口。另外，我国工程物联网的应用主要关注建筑工人身份管理、施工机械运行状态监测、高危重大分部分项工程过程管控、现场环境指标监测等方面，产生价值不高。在有限的资源下提高工程物联网的使用价值将是未来需要解决的重要问题。

工程物联网积极"显特色"，力争跻身全球领先需要：将工程物联网纳入工业互联网建设范围，面向不同的应用场景，确立工程物联网技术应用标准和规范化技术指导；突破全要素感知柔性自适应组网、多模态异构数据智能融合等技术；充分利用我国工程建造市场的规模优势，开展基于工程物联网的智能工地示范，强化工程物联网的应用价值。

工程机械层面，智能化工程机械是在传统工程机械的基础上，融合了多信息感知、故障诊断、高精度定位导航等技术的新型施工机械；核心特征是自感应、自适应、自学习和自决策，通过不断地自主学习与修正、预测故障来达到性能最优化，解决传统工程机械作业效率低下、能源消耗严重、人工操作存在安全隐患等问题。

世界各国高度重视工程机械前沿技术，积极调整产业结构，加大了对工程机械的扶持力度，促使工程机械向数字化、网络化和智能化发展。然而，我国虽然在该领域的技术研发应用上有一定突破，但在打造智能化工程机械所必要的元器件方面仍落后于国际先进水平，整体呈现出"大而不强，多而不精"的局面，发展提升空间广阔。

工程机械大力"促升级"，提升"智能化、绿色化、人性化"水平，需要做到：建立健全智能化工程机械标准体系，增强市场适应性；打破核心零部件技术和原材料的壁垒，提高产品的可靠性；摒弃单一的纯销售模式，重视后市场服务，创新多样化综合服务模式。

工程大数据层面，工程大数据是工程全生命周期各阶段、各层级所产生的各类数据以及相关技术与应用的总称，具有体量大、种类多、速度快、价值密度低的特点，将工程决策从经验驱动向数据驱动转变，从而提高生产力、提升企业竞争力、改善行业治理效率。

发达国家将大数据视为重要的发展资源，针对大数据技术与产业应用结合提出了一系列战略规划，如美国《联邦数据战略和2020年行动计划》、澳大利亚《数据战略2018—2020》等。我国发布了《促进大数据发展行动纲要》等一系列战略规划，但工程大数据的发展和应用仍处于初级阶段：数字采集未实现信息化、自动化，数据存储和分析也缺少标准化流程；主流数据存储与处理产品大多为国外产品；工程大数据仅初步应用于劳务管理、物料采购管理、造价成本管理、机械设备管理等方面，在应用深度和广度上均有不足。

工程大数据及时"强优势"，为持续创新奠定数据基础需要采取以下措施：通过完善基础理论，创新数据采集、储存和挖掘等关键共性技术，满足实际工程应用需求；建立相关政策法规、管理评估、企业制度等管理体系，实现数据的有效管理与利用；建立完整的产业体系，增强大数据应用和服务能力，带动关联产业发展和催生建造服务新业态。

1.1.3 专家调研——毛志兵

问题1：建筑业的高质量发展要求给行业提出了全新挑战，您认为建筑业变革发展趋势有哪些？

我认为建筑业高质量发展关键在于要进一步解放生产力和改善生产关系。要推动生产方式的转型，要以"三造"融合创新来统筹"四化"的协同，来推动行业实现转型升级，做强做优中国建造，迈向建造强国，实现高质量的发展。

"三造"融合创新，对于中国建筑业而言，如何借助中国制造、中国创造和中国建造来推动技术创新和行业的变革，这将是建筑业实现高质量发展的最根本的问题。我认为"制造+创造+建造"是决定建筑业生产方式变革的内在基因。回顾建筑业的发展历史，我们不难看出建筑业的技术革命与钢铁工业、机械制造业、信息产业等工业部门的技术变化紧密相关。从发展历程来看，我国建筑业生产方式总体上还没有真正完成新型建筑的工业化，因此制造业技术向建筑业的管理体系转移扩散将是发展的必然趋势。以"制造+创造+建造"为特征，推动现代工业技术、信息技术与传统建筑业进行融合创新，寻找建筑艺术和建造技术的完美契合点，探索"研发+设计+制造+建造+服务"高度集成的全新生产和服务体系，是当前建筑业生产方式变革的重要方面，它必将适应不同类型的建筑特点和要求，创造更广阔的新技术应用场景。智慧建造等新技术，也将为"工匠精神"等建造传统提供崭新的诠释方式和实现路径，提供更具价值的新一代建造服务，能够更充分地发挥关联产业多的特点，带动"中国制造"和"中国创造"走出去，助力加快形成以国内大循环为主体，国内国际双循环相互促进的发展格局。

回到建筑业，我认为"四化"协同发展是行业变革的核心。绿色化、工业化、智慧化、国际化这四化的协同发展代表了行业生产方式转型的根本方向。那么新型建造方式就是要以绿色化为目标，以智慧化为技术手段，以工业化为生产方式，以工程总承包和全过程咨询服务为实施载体，以绿色建材为物质基础，实现建造过程的节能环保，提高效率，提升品质。新型建造方式将推动全过程、全要素、全参与方的三全升级，促进新设计、新建造、新运维的落地。当然，建筑业要想跟上新时代的步伐，就必须要大力推动智慧建造，抢抓"新基建"的发展机遇，融入数字经济的创新浪潮。"新基建"将颠覆传统产业，使之走向数字化，从而产生不可估量的投资递增效应和成熟效应。此外"新基建"还需要新的技术应用，必将推动建筑业加快技术升级的步伐。

根据麦肯锡的研究，从世界范围来看，工程行业的生产力提升一直相对缓慢。在过去的 20 年间，生产力的平均值年均提升 1%。如果建筑业应用新技术，可以帮助行业提升约 15% 的生产力，因此我认为发展新型建造方式，推动智慧建造的发展与应用，是顺应第四次工业革命的必然要求，也是提升建筑业科技含量、提高人才素质、推动与国际接轨的必然选择，更是解决我国资源相对匮乏、供需不够平衡等发展不充分问题的必由之路，也是中国建筑业未来能够占据全球制高点的关键所在。

问题 2：建筑业变革发展进程中，数字化的机遇有哪些？应如何应对？

建筑业不仅要抢占数字经济时代的机遇，还要全面跟上第四次、第五次工业革命的步伐，真正实现生产方式的转型，摆脱劳动密集，降低资源消耗，提高品质和效率。对于发展新型建筑工业化，是促进建筑领域开展节能减排的有力抓手，也是促进当前经济稳定增长的重要措施，更是带动技术进步、提高生产效率与国际竞争力的有效途径。

建筑业数字化转型要把握推动智慧建造的机会。智慧建造是综合运用信息技术、自动化技术、互联网技术、材料工程技术、大数据技术、人工智能技术，对建造过程的技术和管理多个环节进行改造和创新，实现精细化、数字化、自动化、可视化和智能化，最大限度地节约资源，保护环境，降低劳动强度和改善作业条件，最大限度地提高工程质量，降低工程安全风险。智慧建造主要体现在 3 个方面，第一是智能感知，借助互联网和虚拟现实等技术扩展感知能力，智慧工地目前就处于感知阶段。第二是替代机制，借助人工智能技术和机器人等设备来部分替代人完成以前无法完成或风险很大的工作。第三是智慧决策，随着大数据和人工智能等技术的不断发展，借助其类似人的思考能力来替代人在建筑生产过程和管理过程中的全面参与和管理决策。

我认为智慧建造是做强做优中国建造的关键，其作用主要表现在 3 个方面，第一，智慧建造是增强国家竞争实力的有效途径。建筑业的上下游链条长、辐射范围广，大量的制造业产品以建筑基础设施为终端，所以推进智慧建造将带动智慧家居、物业等众多领域的发展，特别是在当前外部形势下，中国建造走出去更具有便利和优势，通过智慧建筑来做强中国建筑的品牌，将更有利于服务"一带一路"建设，带动众多关联产业走向国际市场，进而推动中国制造整体更好地走出去，提升我国的竞争力。第二，智慧建造是推动智慧城市建设的重要支撑。建筑和基础设施是城市构成的基本物质来源，通过智慧建造，可以创造智慧建筑、智慧基础设施，能够实现建筑和设施的连接，感知智慧城市的运行，因此具备了支点纽带和空间，使得我们的生产活动和社会生活能够互联互通、高效、便捷。第三，智慧建造是实现建筑业可持续发展的必由之路。一是要推动智慧设计的发展，从源头解决正向设计问题，以 BIM 为核心技术实现。二是要抓好智慧工厂的发展，要推动智慧生产的整个过程，整个数字化服务是关键。三是要推动智慧工地的发展，智慧工地如何把新型的施工组织方式流程和管理模式全面融入生产要素和进度、成本、质量、安全、环境的管理工作上，基于工程项目施工的全过程和大数据来推行智能移动终端利用非常重要。

问题 3：在您看来，当下建筑业企业数字化转型过程中所面临的主要问题有哪些？

我认为现阶段应该着重处理好以下几个问题。一是数字化平台与业务管理不匹配的问题。这对建筑业企业很关键，企业数字化建设的基础力量主要来自于 IT 企业，但外部 IT 企业又往往不熟悉我们建筑业企业的运营特点，容易导致数字化平台功能不足，不适配。对此，我认为建筑业企业可以自主主导开发，至少保证能够全面准确地对数字化开发的需求进行定义。

二是数字化投入与企业效能提升不匹配的问题。对任何企业而言，数字化投入都不是一个小数字，特别是有些架构设计极为完善的数字化平台开发。为此我认为必须坚持循序渐进的开发模式，优先解决关键性制约和数字化需求，力争做到开发一部分见效一部分。各个企业都会或多或少地遇到这样的问题，花的钱不少，但效果不够显著，我认为就是要解决投入和效能的提升，如何与企业业务发展相结合，与企业现阶段的实际工作相结合。

三是由于业务惯性造成数字化再造流程困难的问题。企业数字化转型是要用数字化的思维来重新解读业务，重构业务模式，再造业务流程。在这个方面企业如何能通过业务模式的数字化，更有效地实现决策的优化，构建更加完善的数字化管控体系，提升业务的竞争能力，甚至改变建筑产业生态，形成独特的竞争优势。

以往数字化建设通常按照垂直业务，采用竖井式的建设模式，导致各板块间形成的数据各自独立，难以打通。为此要坚定系统性的建设规划，认真分析业务管理的底层逻辑，实现数据的纵向互通、横向互联、集成共享，从而建成系统有效的数字化系统。新一轮全球化和数字变革给建筑业带来战略机遇，我们要推动智慧建造，探索新型建造方式，是建筑业高质量发展的必然选择。展望未来，以数字化转型为引擎，建筑业将与其他行业进一步深度融合，新产品、新业态、新模式将在数字化发展过程中不断涌现，持续推动中国建造走向更加美好的未来。

1.1.4 专家调研——汪少山

问题1：在您看来，当下建筑业数字化转型的环境如何？企业应如何看待数字化转型？

近几年我接触过不少建筑业企业，在这些企业中特别是企业高层已经形成了"数字化转型是企业必答题"的普遍认知，就这一行业共识的成因我认为是从行业发展现状、政策要求与行业引导、技术发展与实现、经济环境与市场竞争等几个方面综合形成的。

首先从国内整体的行业发展来看，在建筑业"需求侧"，人们对美好生活和工作环境的追求升级，需要满足个性化需求的建筑工业级品质的建筑产品，绿色、健康的居住空间，以人为本的智能化服务实现"碳中和"目标；而"供给侧"建筑业工人老龄化、事故多、能耗高是老生常谈的问题。从专业机构的研究数据来看，有近20%的项目超工期，近80%的项目超成本，中国建筑业利润仅维持在1%~3%，低于全球水平，质量投诉占比50%以上，生产力水平低成为制约建筑产业发展的瓶颈。

从政策要求和行业导向来看，党的二十大报告指出坚持以推动高质量发展为主题，强调了建设现代化产业体系，坚持把发展经济的着力点放在实体经济上，推进新型工业化，加快建设制造强国、质量强国、航天强国、交通强国、网络强国、数字中国。这为建筑业的转型升级与高质量发展进一步指明了方向，将数字技术与传统建筑业深度融合，持续推进智能建造与新型建筑工业化协同发展，抓住数字经济的发展机遇，最终实现"建造强国"。

从技术发展与可实现性来看，2020年英国专家学者牵头，联合美国、新加坡、葡萄牙等6国，60多名高校、研究院、协会、企业的专家，共同编制成"建筑4.0"，同时新加坡和英国的实践已经为"建筑4.0"的推行树立信心、验证技术可行性。在新加坡建设局公布的信息中，数字化进程划分为三级进阶，自2010年设定BIM发展路线，实现信息集成；2015年提出虚拟数据中心（VDC）目标，加深设计与建造之间的协作；2017年以来提出并推进集成数字交付（IDD）概念的落地，通过数字技术全面整合价值链中的工作流程和利益相关者。新加坡建筑业转型蓝图中，以"至2025年建筑业整体生产率提高20%~25%"为转型目标，面对集成数字交付（IDD）鼓励从业者采纳面向制造和装配的设计技术（DFMA）。

最后是经济环境与市场竞争，当前国际关系、新冠肺炎疫情等情况持续影响着经济发展，使得商业系统日趋复杂，行业不确定性急剧增加，企业竞争日趋激烈。这对企业环境适应和生存能力提出严峻考验，能否优化资源配置能力、提升效率是企业生存与发展的关键。数字化带来的以数据为驱动力的企业精细化管理、科学决策助力企业集约经营，提升企业竞争力，而未来以数据为基础形成的围绕业务核心的产业链生态系统，建筑产业互联网平台将引导产业链企业实现共融和共荣。

虽然目前行业内对数字化转型的必要性达成了一定的共识，也有一些企业在实践的路上，但从企业内部各层级的态度来看，依然存在许多不同的声音和阻力，同时数字化的价值还未能很好地呈现，整个建筑业数字化转型处于爬坡期，进入深水区任重而道远。

问题2：建筑业企业对数字化转型的期望很大，但大多数企业数字化转型的推进效果与期望还存在差距。您认为问题出在哪里？

建筑业企业的数字化转型是个探索的过程，所以期望与效果有所差距也是正常现象，这是一段宝贵的经历，也是企业全员认知提升与共识的过程。同时数字化转型又是一个系统工程，只有正确地认识数字化转型背后的本质，才能够更快更好地缩小期望与效果的差距。

一是不能只重视"水面上的冰山"，好看不好用。数字化建设是系统性工程，通常大家看到的只是露在"水面"上的"冰山"，却忽略了水下体量更大、结实度更高的部分。数字化包括数据生成、融合、分析、展示等过程，而在实践中，很多企业更关注的是数据展示，关注大屏幕上能看到的，却忽略了数据生成、融合、分析的重要性。没有水下的"冰山"，企业数字化建设就是无本之末。企业数字化转型，应当系统性推进，注重全生命周期数字化管理，关注数据是如何产生的、哪些数据有效有用、数据如何整合。数据仅仅是原始矿石，企业要根据自身特点建设有效的分析方法，系统地去提炼，去芜存菁，让数据展示背后有坚实的基础。

二是不能急于求成，要注意路径和切入点。数字化转型需要经历基础级（没有利用数据，救火型信息化），机会级（尝试利用数据，孤岛型信息化），系统级（形成战略和愿景，企业高层充分支持，标准化方法进入团队系统性数字化），差异级（数据科学推行，专职的数据领导CDO，清晰的业务创新框架），转型级（数据与业务充分融合、数据驱动管理决策）五个过程，每个等级都有不同的重点，不能一蹴而就。当前多数企业的数字化转型在向系统级迈进，需要聚焦于系统性的数字化转型。

三是数字化转型不能只是技术驱动。数字化转型本质是业务的转型升级，要从业务的视角思考转型的路径，找到技术对业务的支撑点。回归业务的本质，以业务需求为中心，基于业务痛点思考转型的目的和业务的核心场景，在此基础上选择合适的数字化技术。数字化转型没有最先进的技术，只有最合适的技术。当然，技术只是数字化转型的一部分，企业更需要关注的是与转型相关的变革管理：如战略的变革、文化的重塑、架构的调整、业务的重构、商业模式的创新等。

四是不能主次颠倒，要平衡发展。从建筑业组织架构角度来看，企业数字化分为"运营数字化"和"核心业务数字化"两部分。运营数字化包括人力、财务等环节的数字化，核心业务数字化则聚焦于工程项目建设阶段，包括规划、立项、设计、招标投标、施工和运维等环节的数字化。核心业务数字化是主线，运营数字化是支撑，运营数字化的目的是驱动核心业务发展。而在现实中，不少企业对此认识不清，出现本末倒置的现象，把资源过多地投入运营数字化阶段，企业数字化发展失去了真正的重点，致使数字化畸形发展。

问题3：企业的数字化转型是系统性工程，您认为什么是系统性的数字化？数字化系统性的核心重点和背后的逻辑是什么？

系统性是一个比较抽象的概念，国内外对系统性的定义颇多，主要来讲就是"要素、关系、准则"的三元系统论，对应系统性数字化的三个层面：数据、链接和算法。我们需要运用成熟技术、方法，用最小的代价获得准确、及时、全面的数据；实现责、权、利清晰可靠的业务连接；利用"数据+算法"，驱动现场精细化管理、支撑企业经营决策，从而最终强化企业掌控力、提升企业拓展力。

数据是提升企业掌控力与拓展力的基础。在与企业高层交流过程中，我们曾多次听到过对历史数据清洗的诉求。但从成本角度看，海量的数据清洗成本比较高；从产生价值角度看，垃圾数据对企业没有任何价值，比如说传统方式积累的成本数据，量很大，但往往缺乏真实性，没有意义。对于数据，一定要真实地去看企业当前需要什么数据，未来需要什么数据，怎么产生数据。而数据是服务于业务的，这里对自身业务的深入分析，形成基于业务的数据流，就是找准了要什么数据。第二是数据如何准确，要求作业层面、软件层面、硬件层面，都可以无人为修改、掩饰，实现自动的数据采集、处理和填报，最后才能进行数据上传。这些技术成功运用,同时也解决了数据的第二大关键问题——及时性问题。在信息化时代,大家会经常头痛的事情:上面做要求,下面填数据,但因为延时或者丢失,数据就失去了准确性。BIM 技术、物联网技术解决了空间问题,5G 技术解决了时间问题,云计算技术让大体量、大规模数据即时传输成为可能。地理和时间问题解决了,企业可以让数据在作业层、项目部、公司实现零时差共享。

连接是数字化转型的关键。只有高效的连接才能让数据产生融合,而连接的最终目标是实现责权利清晰可靠的业务连接。数据连接一定要与业务结合,让技术服务于业务。每个数据之间不是孤立的,比如人的活动和安全之间,人员调度和地理位置之间,作业层、项目层、企业层各层级之间,实现责权利清晰可靠的业务连接,才能够支持企业高效运转。责权利清晰可靠的连接可以从两个方面理解:一是协同关系,通常是横向的合作,例如企业内不同业务部门之间,企业与更多合作伙伴之间实现此种连接,可以更好地配合,实现共赢;二是决策关系,通常是企业内部上下级之间责权利更加清晰,运转更为高效。管理者需要深度掌握某些业务数据,为此做出相应决策。

算法是系统性数字化建设的核心。从大量数据中分析出有用的信息,辅助高效决策是数字化的核心任务。这种数据分析不依赖于人,而是将数据按照一定的规则依靠计算机和人工智能进行的。现在一些大型企业管理上百个项目,如何对整体资源调配、风险管控形成一个最优的决策?"数据+算法"可以驱动项目精益管理,主要是基于数据+AI 的项目大脑,实现智能调度与控制。通过算法的数据分析,项目、公司乃至集团建立数据决策中心,可以进行多层级资源协调,让系统判断变成现实,并实现从流程驱动向数据驱动的转变。

问题 4:数字化建设对建筑业企业能够起到哪些方面的作用和意义?

我们说数字化转型最关键的还是系统性数字化促进企业"掌控力"与"拓展力"的提升,进而推动企业实现营收、盈利的双增长。

当前项目管理仍然是企业的核心业务,项目实施过程中始终面对各种不确定性,及时识别过程风险,依靠组织力量最大限度地降低履约风险,提高盈利能力是企业所追求的。数据驱动的管理新模式,可以极大地提高决策效率和组织协作效率,进而提高对项目的综合掌控力,就是以项目为中心,从重点数字化场景出发,在项目、企业、集团三层分别通过打造"BIM+ 智慧工地一体化、项企一体化、业财一体化",将生产要素和客户、项目、财务、人员等管理要素进行数据化挖掘和分析，实现项目生产、企业经营和职能系统间数据的打通，为科学决策奠定坚实的基础。

公司将企业的业务系统和财务系统打通，实现业务和财务数据传递的准确性、及时性、完整性，加强企业内部各部门的信息沟通与共享。"业财一体化"打破了传统财务运作模式中存在的"信息孤岛"困境，使项目管理系统、财务系统、采购平台、共享中心四个业务系统互联，实现业务数据和财务信息的全面打通、一源多用，降低各个业务部门之间的沟通难度，有助于提高决策的科学性，规避管理粗放等问题，最大限度地发挥数据的价值，从而提高企业整体运作效率和决策质量。

以强大有效的业务数据为依托，我们就能更好地重塑和提升企业的拓展力，其表现为"五力"：其一是决策力，由传统依靠人员经验决策升级为基于数据科学决策，数字技术的运用确保各管理者实时了解真实情况，摆脱对物理空间的依赖，实现对管理资源的最大使用；其二是成本力，将相关数据依靠业务规则建立关联关系，由过去单一业务线的孤立管理升级为以成本为主线的综合项目管理；其三是工程力，通过数据将不同组织、不同岗位建立协作关系，通过数据打破组织边界，使得公司和项目部都以项目为管理中心，提升工程实施能力；之后是配置力和组织力，通过BIM、物联网等技术实现对现场人、机、料等各类生产资源的配置、动态协调、组织调配，实现精细化管理，同时通过大数据分析人员能力，做好绩效评估，科学选育用留。

实现了业务数字化，不仅重塑了企业的掌控力和拓展力，还能驱动企业内外部协同创新，主要体现在存量业务规模化拓展和增量业务稳健式拓展。存量业务规模化拓展是指通过能力平台化，沉淀共性核心能力支撑业务拓展；增量业务稳健式拓展是在一体化平台支撑下，通过供应链一体化、设计施工一体化、投建营一体化等方式，拓展企业供应链、价值链和产业链上的相关业务，让企业发展更有活力。

问题5：企业在推进数字化转型的过程中，您认为应如何保障数字化转型的成功实施？

从很多企业实践经验总结来看，首先大家要意识到企业数字化转型工作不是一个数字化系统的建设，而是企业业务和管理的升级，在此基础上，要更好地保障实施成功，有四个方面需要关注。

一是一定要先看全局，整体规划。在做数字化规划时，要明确数字化工作的重要性，形成主价值链数字化、协同价值链数字化、支撑价值链数字化，以及数字指挥决策的整体方案。同时，在规划中要考虑PaaS技术平台、DaaS大数据平台、IaaS云计算平台三大平台对数字化转型成效的支撑。规划蓝图中还需要考虑数据如何治理，需要建立数字化的管理体系，各项举措和体系高效运行融合形成企业数字化的有机系统。

二是要构建价值指标体系，量化数字化转型目标。数字化转型工作的规划要聚焦企业的战略规划，进行分解剖析，形成多维度的可量化指标库，分析数字化的支撑要素。企业应立足于当前的市场和政策环境，对自身状况进行缜密分析，清楚自己业务的优劣势，并根据企业自身特点及不同发展阶段，按时间跨度设立短期、中期、远期目标，做到目标制定、过程执行、结果检视、优化调整的PDCA闭环，为数字化转型指引方向。

三是要找准路径，以数据为抓手，循序推进能力进阶转型。企业的数字化转型可以分为业务数字化、能力平台化、数字业务化三个能力阶段。其中，业务数字化重点是重塑业务，通过对业务的数字化建设提升项目精细化管理，过程中可以认清企业业务水平，看准企业核心能力，使业务管理越来越好。能力平台化重点是重塑管理，通过合理有效的机制建设，消除信息孤岛和各种人为壁垒，促进核心能力的规模化，将优势能力在企业内共享。数字业务化的重点是重塑经营，企业可以将数据作为生产力，利用数据进行效率提升、集约经营、有效决策。当然，企业数字化能力的进阶要循序推进，只有业务数字化和能力平台化做扎实了，才能真正做到数字业务化。这里，尤其要强调的是制定路径时，一定要结合企业自身情况，不能盲目地效仿，每家企业的业务、资源、能力、系统、文化都不一样，每家企业应该先看清自己，对标蓝图，看到差距，再定路径和切入点。

四是要产业链上下游企业间的系统性实现生态协同共生，融合发展。在瞬息万变的时代，建筑业企业必须与产业链上下游企业建立合作伙伴关系，发挥各自优势，以数据为基础，建设围绕业务核心的产业链生态系统，实现生态共融。

数字化转型是一个必答题，同时也是一个大课题，还是一个新课题，是一个复杂的系统工程。我们既要有坚定的决心，还要有好的方法，同时还要有强有力的合作伙伴，与懂业务、有技术的数字化"使能者"一起，发挥各自优势，成功实现数字化转型，提升企业的掌控力和拓展力，并推动整个建筑行业的高质量发展。

1.2 建筑业数字化应用情况线上问卷调研

为更加全面、客观、实时地反映我国建筑业数字化应用开展情况，本报告编委会通过线上问卷调研的方式，对更普遍和广泛的建筑业从业者进行行业调研。本小节主要对调研数据进行梳理分析，为读者客观地呈现当前建筑业数字化应用情况。

1.2.1 调研背景

本次线上调研共回收有效问卷1019份；问卷回收渠道涵盖"中国建筑业协会官网""建筑业从业者手机短信""广联达科技股份有限公司用户群"等；调研对象覆盖业主、设计、施工、咨询等不同领域企业的数字化相关人员；人群岗位涉及企业主要负责人、企业信息化/数字化部门负责人、项目核心管理团队、项目信息化/数字化人员等建筑业企业数字化建设与应用各相关层级。

本次调研旨在了解来自不同区域、不同行业细分领域、不同企业、不同岗位角色的调研对象对其企业数字化应用情况的客观反馈以及对行业数字化应用发展趋势的理性判断，并根据相关数据进行进一步分析。下文将具体从调研背景出发，通过数据分析来解析当下建筑业数字化应用情况。

参与本次调研的1019位调研对象来自30个省、自治区、直辖市。其中北京、广东占比较大，分别为16.49%和9.32%。此外，超过5%的区域还有山东、湖北、河南、江苏、四川。如图1-1所示。

从单位类型来看，此次调研对象中有767位来自施工总承包企业，占比75.27%；值得注意的是，专业承包和造价咨询公司各占5.69%；施工劳务占比3.73%，业主方占比3.04%；勘察设计单位较少，占比1.96%。如图1-2所示。

进一步统计表明，在施工总承包企业中，来自特级资质企业的调研对象最多，占比62.97%；壹级资质企业占比30.64%；贰级资质企业占比6.39%。如图1-3所示。

从调研对象所属企业的性质来看，国有企业是主体，其中央企占比37.78%，地方国企占比23.65%；民营企业占比32.58%；有很少一部分外资或合资企业。如图1-4所示。

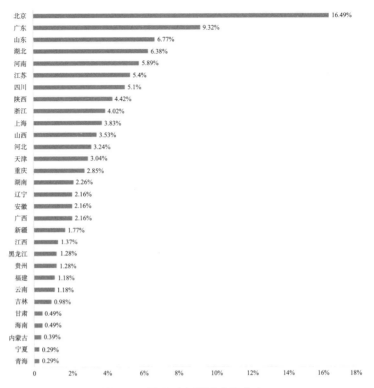

图 1-1 调研对象区域占比分布

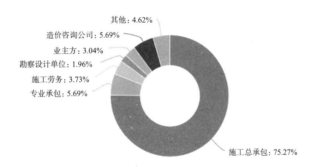

图 1-2 调研对象单位类型分布

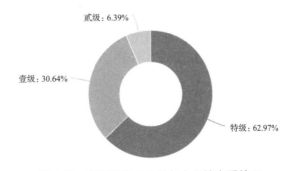

图 1-3 被调研施工总承包企业的资质情况

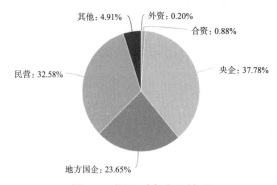

图 1-4 调研对象企业性质

从调研对象岗位情况来看,主要以集团/分公司部门负责人为主。按照岗位层级划分,公司层调研对象合计占比 35.23%,其中集团/分公司主要负责人占比 5.30%,部门负责人占比 14.62%,信息化负责人及技术人员占比 15.31%;项目层调研对象合计占比 48.48%,其中占比较高的是项目管理人员,项目经理/总(副)工程师、项目部门经理,分别占比 13.15%、10.99%。如图 1-5 所示。

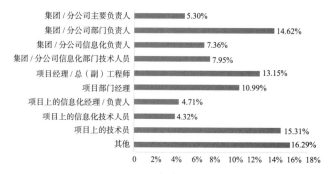

图 1-5 调研对象岗位占比情况

统计结果显示,在调研对象中,工作年限超过 10 年的人员占比 54.86%。具体来说工作年限在 15 年以上的人员最多,有 349 人,占比 34.25%;其次是工作 6～10 年,占比 21.39%;拥有 11～15 年工作经验的人员占比 20.61%;3～5 年工作经验的人员占比 13.35%;3 年以下工作经验的调研对象占比 10.40%。如图 1-6 所示。

从负责或参与数字化方面的工作年限来看,拥有 3 年以下工作经验者较多,占比 45.53%;其次是 3～5 年工作经验者,占比 27.87%;此外,有 18.84% 的调研对象拥有 6～10 年数字化方面的工作经验;从事数字化工作 11 年以上者较少，占比 7.76%。如图 1-7 所示。

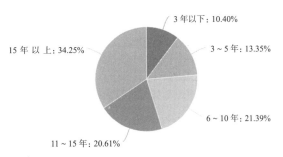

图 1-6 调研对象工作年限

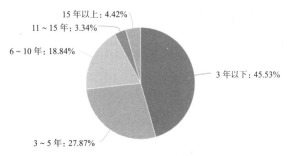

图 1-7 调研对象负责或参与数字化方面的工作年限

综上所述，参与本次调研的调研对象以施工总承包企业为主，其中又以具有特级或壹级资质的企业居多；在企业性质上，以国有企业为主；在岗位情况方面，主要以项目层为主，集团或公司层面为辅；在工作年限层面，调研对象集中在 6 年以上工作经验人群，15 年以上经验人员占比较高。

1.2.2 调研数据情况

从企业数字化应用时间上看，已应用 1～3 年的企业比例最高，为 24.24%；其次是应用 4～6 年的企业，占比 22.67%；未应用或应用不到 1 年的企业占比 17.08%；应用 7 年以上的企业占比 23.45%；但仍有 12.56% 的被调研者并不清晰其所在企业开展数字化工作的年限。如图 1-8 所示。

从企业数字化应用的态度来看，行业对于数字化应用已经形成了统一的认知，超过 84.10% 的调研对象认为建筑业企业应该推动数字技术应用，进而推进企业转型；同时，仍存在一定比例持观望、有犹疑态度的从业者，占比 14.92%；也有少量持反对意见，占比 0.98%。如图 1-9 所示。

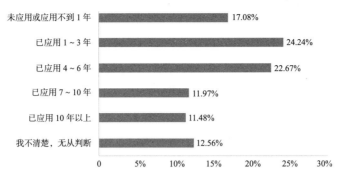

图 1-8　调研对象所在企业数字化应用年限

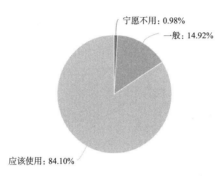

图 1-9　调研对象数字化应用的态度

从项目类型来看，房建项目数字化应用程度较高，89.40% 的被调研者所在企业在房建项目中应用了数字技术；其次是市政项目，51.32% 的被调研者所在企业在市政项目中应用了数字技术；相较于房建项目，桥隧、轨道交通和工业建筑类项目的数字化应用程度较低，分别为 24.44%、22.77% 和 25.42%，此外，有 13.74% 的被调研者所在企业在水利项目上进行了数字化应用。如图 1-10 所示。

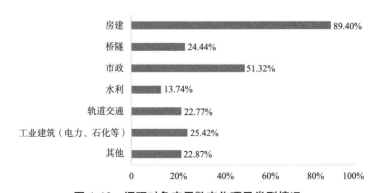

图 1-10　调研对象应用数字化项目类型情况

对于企业现阶段数字化组织建设情况，已经建立公司层 IT 部门的被调研者最多，占比 28.66%；而企业单独成立科技公司或相关组织的被调研者高达 16.88%；不过，尚未建立相关组织的企业也存在一定比例，占比 26.10%；企业选择与外部第三方公司合作的被调研者占比 17.66%。如图 1-11 所示。

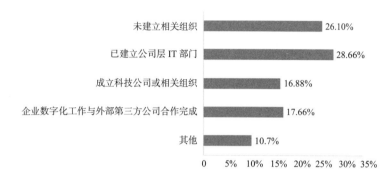

图 1-11　现阶段调研对象企业数字化组织建设情况

对于企业开展过的数字化应用，各板块数字化应用分布差距较大，相对集中在技术、质量、生产、安全：其中超过 7 成的企业将数字化应用在技术管理领域（占比 72.91%）；有 58.29% 的被调研者企业在生产管理过程中实现数字化；质量管理占比 58.00%；用于安全管理的被调研者企业也达到 56.82%；此外数字化应用占比超过 40% 的领域还有物资管理（占比 49.26%）、成本管理（占比 48.18%）以及劳务和分包管理（占比 44.65%）。如图 1-12 所示。

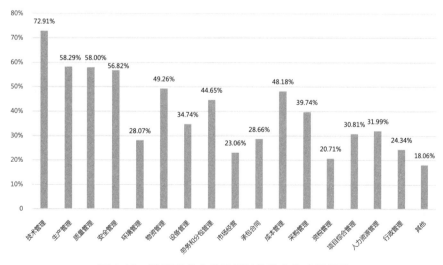

图 1-12　被调研者企业开展过的数字化应用情况

本次调研要求调研对象就不同应用板块的数字化应用效果进行评分，未应用者评价为 0 分，已应用者可对应用效果进行从 1 到 5 的数值评价，1 表示效果最差，5 表示效果最好，分值大于或等于 3 分为认可，小于 3 分则为不认可。

在技术管理板块，各项认可度均在 70% 以上，平均认可度为 76.35%；其中最为突出的是施工方案管理和技术标准管理，认可度分别为 82.77%、81.02%；此外，施工组织设计管理（认可度 79.95%）、技术管理计划（认可度 79.94%）、工程档案管理（认可度 79.14%）、技术交底（认可度 78.47%）等项的认可度也相对较高；检验试验管理、第三方服务管理、测量管理、计量器具管理等项的认可度相对较低。如图 1-13 所示。

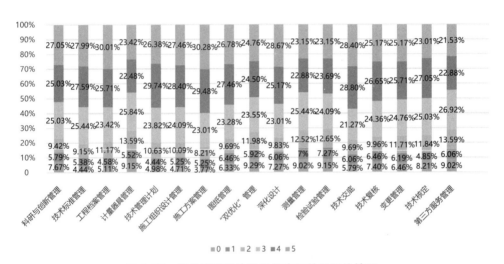

图 1-13　技术管理板块数字化应用效果评价情况

在质量管理板块，整体应用效果评分较高，各项认可度均在 74% 以上，平均认可度为 77.95%；其中较为突出的是企业质量检查，认可度为 83.25%，项目质量检查认可度为 82.57%，质量考评认可度为 81.89%，质量知识库管理认可度为 81.73%，质量验收认可度为 81.72%；此外，样板管理、质量计划等项认可度均超过 80%；质量投诉，不合格品处理，成品、半成品保护，分包质量管理的认可度相对较低。如图 1-14 所示。

在生产管理板块，各项认可度同样达到 74%，平均认可度为 77.95%；其中企业生产监控认可度最高，达到 82.66%；其次是工期计划的编制与调整、生产资料管理，认可度分别为 79.97% 和 79.29%；在生产管理当中，现场指挥与协调、现场签证管理认可度稍低，分别为 75.42% 和 74.07%。如图 1-15 所示。

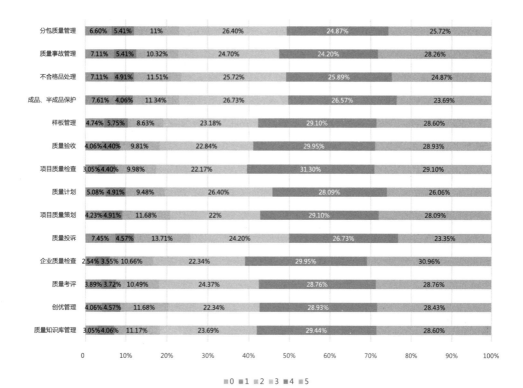

图 1-14　质量管理板块数字化应用效果评价情况

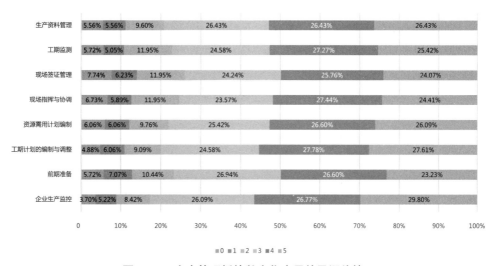

图 1-15　生产管理板块数字化应用效果评价情况

在安全管理板块，各项认可度均超过76%，平均认可度为80.55%；其中企业安全检查认可度最高，达到84.98%；其次是安全教育、培训、宣传，认可度为83.60%；此外认可度超过80%的还有安全生产检查（认可度83.25%）、设备安全监督管理（认可度83.07%）、危大工程管理（认可度82.91%）、特种作业人员管理（认可度 81.35%），应急管理、安全生产费用管理、消防管理的认可度相对较低。如图 1-16 所示。

在环境管理板块，各项认可度均超过 82.80%，平均认可度高达 84.27%；其中环境监测统计认可度最高，达到 86.72%；其次是环境体系建设，认可度为 85.32%；环境因素排查与治理认可度与平均数持平；节能环保目标管理（认可度 83.92%）、环境因素识别与评价（认可度 83.57%）、环境应急及事件管理（认可度 83.22%）、环境创优管理（认可度 82.87%）略低于平均认可度。如图 1-17 所示。

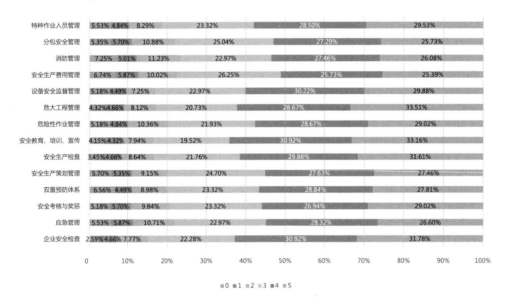

图 1-16　安全管理板块数字化应用效果评价情况

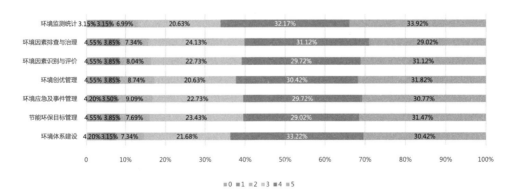

图 1-17　环境管理板块数字化应用效果评价情况

在物资管理板块，各项认可度均超过82.00%，平均认可度为82.44%；其中物资统筹采购认可度最高，达到85.06%；其次是材料采购计划，认可度为84.46%；材料进场验收认可度为82.67%，处于中等水平；物资处置管理、材料贮存使用盘点、周转材料管理认可度较低，分别为81.27%、80.87%、80.28%。如图1-18所示。

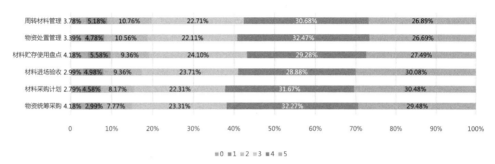

图1-18　物资管理板块数字化应用效果评价情况

在机械管理板块，数字化应用平均认可度为82.91%；其中机械设备使用监管认可度最高，达到84.74%；机械设备维修保养在该板块应用效果认可度最低，为80.51%；机械设备进出场管理与机械设备使用管理应用效果评价相当，分别为83.34%、83.05%。如图1-19所示。

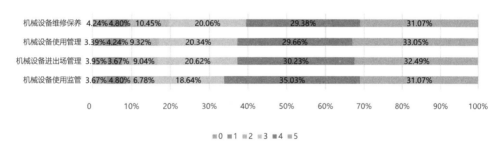

图1-19　机械管理板块数字化应用效果评价情况

在劳务和分包管理板块，数字化应用平均认可度为83.19%，但其中各项认可度差距较大。例如，项劳务实名制管理认可度最高，达到88.35%，而分包退场管理认可度仅为79.78%，分包过程管理认可度为80.44%；分包进场管理认可度处于中间位置，为84.18%。如图1-20所示。

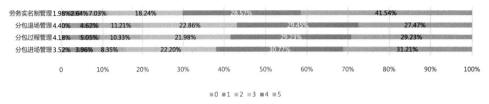

图 1-20　劳务和分包管理板块数字化应用效果评价情况

在承包合同管理板块，承包合同签约管理、项目商务档案、施工图预算、合同报量与产值统计、承包合同变更签证索赔、竣工结算等项中，承包合同签约管理应用效果评价较高，为 86.30%；承包合同变更签证索赔评价较低，为 79.45%，其余各项应用效果评价处于 83% ~ 85%。如图 1-21 所示。

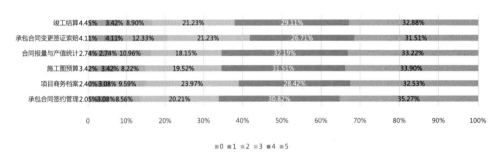

图 1-21　承包合同管理板块数字化应用效果评价情况

在被调研的 17 个数字化应用板块中，成本管理板块数字化应用较为普遍，但平均应用效果认可度却低于 80.00%（认可度 79.43%），这一情况同样存在于质量管理、生产管理板块；在成本管理中，项目成本还原的数字化应用效果评价仅有 76.79%，但效果最高的项目成本核算项也仅有 81.67%。如图 1-22 所示。

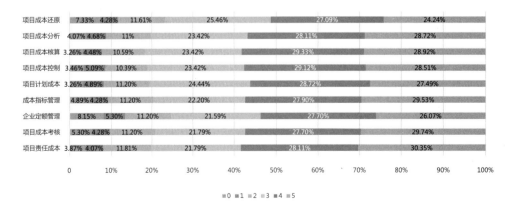

图 1-22　成本管理板块数字化应用效果评价情况

在采购管理板块，各项认可度超过80%，平均认可度为84.88%；其中采购与招标、采购合同签约认可度并列，达到86.91%；合同范本管理与供应商管理略低于前者，认可度分别为86.42%和85.92%；采购合约规划（认可度83.95%）、采购合约结算（认可度84.20%）、采购合同变更签证（认可度83.71%）认可度处于中等水平；供应链分析认可度较低，为80.99%。如图1-23所示。

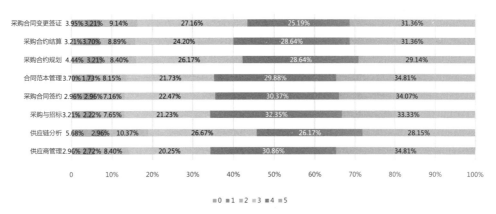

图1-23　采购管理板块数字化应用效果评价情况

项目综合管理板块各项的数字化应用平均认可度为82.14%，其中供应商管理、标准与制度管理认可度较高，分别为85.35%和84.39%，项目后勤管理和竣工后维保认可度较低，分别为77.06%、79.62%；其余各项应用效果认可度较为均衡，项目风险监控、项目立项与启动认可度在平均认可度以下，项目实施计划、项目竣工管理、项目风险管理、项目策划、项目考核、项目信息与沟通管理、生产经营计划管理略高于平均认可度。如图1-24所示。

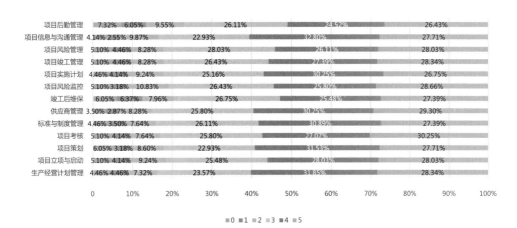

图1-24　项目综合管理板块数字化应用效果评价情况

人力资源管理板块各项的数字化应用平均认可度为83.48%，其中人员考勤、人事管理认可度较高，分别为88.34%和86.50%；人才发展管理认可度较低，为79.44%；其余各项应用效果认可度较为均衡，劳动合同、绩效考核、人力资源分析、人才测评、员工服务认可度在平均认可度以下，员工招聘、薪酬福利、人员培训学习、证照职称管理略高于平均认可度。如图1-25所示。

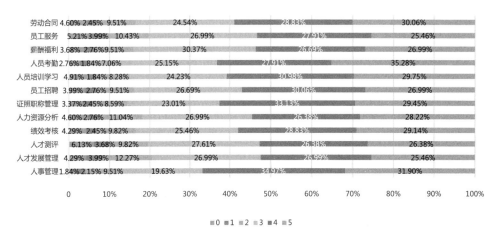

图1-25　人力资源管理板块数字化应用效果评价情况

市场经营管理板块各项的数字化应用平均认可度为80.78%，其中项目投标认可度较高，为84.68%，市场分析与规划认可度较低，为78.29%；其余各项应用效果认可度较为均衡，客户关系维护、项目商机管理认可度均为80.85%，品牌与营销管理、营销活动认可度均为79.99%。如图1-26所示。

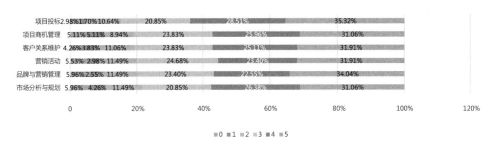

图1-26　市场经营管理板块数字化应用效果评价情况

资税管理为企业数字化应用板块中应用率最低的板块，但从应用效果评价来看却超过大部分应用板块，平均认可度为85.90%；其中资金往来与费用报销两项认可度均超过88%，分别为88.16%和88.15%；认可度超过平均数的项还有增值税管理（认可度87.21%）和发票管理（认可度86.73%）；间接费用管理、资金计划、资金清欠和项目备用金管理认可度均低于平均数，其中项目备用金认可度为 82.47%，是资税管理板块数字化应用效果评价最低项。如图 1-27 所示。

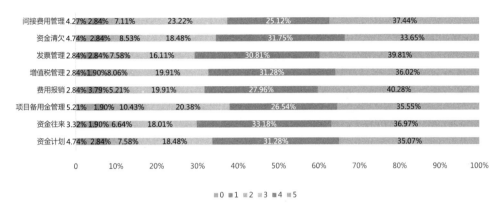

图 1-27　资税管理板块数字化应用效果评价情况

同为企业数字化应用率洼地的行政管理板块，应用效果平均认可度也有不错的表现，为 82.71%；排在前两位的公章管理、新闻公告认可度分别为 86.7% 和 85.48%；认可度超过平均数的项还有业务协同管理（认可度 83.88%）和档案管理（认可度 83.86%）；差旅管理、会议管理、资产管理、办公用品管理和用车管理认可度均低于平均数，如图 1-28 所示。

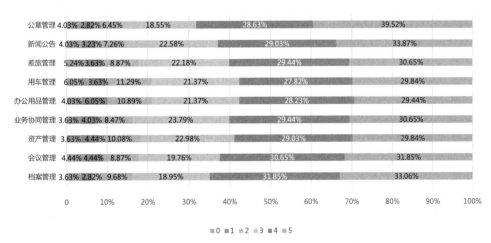

图 1-28　行政管理板块数字化应用效果评价情况

从调研统计数据来看，已开展数字化应用的企业在制定应用规划情况上更为重视，已经清晰地规划出近三年或更远的数字化建设目标的企业占比 44.06%；正在规划中、具体内容还没出来的企业占比 21.70%；没有规划、就是几个项目在用着看的企业占比15.31%。充分表明已经有很大一部分企业越来越重视数字化规划，将其纳入到对未来发展的考虑中，但行业总体来说仍然存在观望和疑惑。如图1-29所示。

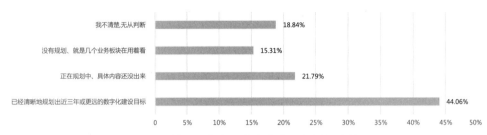

图1-29　被调研者企业数字化应用规划制定情况

在企业现阶段数字化建设重点工作中，有26.59%的企业正在建立专门的数字化建设相关组织，系统性梳理企业数字化系统；其次是已经建立了数字化组织，重点是让更多业务板块的相关人员主动应用数字化系统，占比24.14%；有17.17%的企业在相关业务板块已经开始主动应用数字化系统，重点是利用相关数字化系统解决业务难点；有10.79%的企业已经可以利用数字化系统解决业务问题，重点是寻找如何衡量数字化建设的经济价值。如图1-30所示。

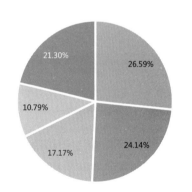

图1-30　被调研者企业现阶段数字化建设的重点

本次调研大致了解了被调研者学习数字化方面知识的渠道，数字化相关知识的主要来源是数字化应用软件商，占比53.58%；超过30%的被调研者选择的渠道还是数字化建设第三方咨询公司（占比39.25%）、行业数字化方面的培训机构（占比35.03%）、数字化相关社会组织（占比31.11%）；其次，数字化方面的专业书籍也是被调研者了解数字化知识的一个重要渠道，占比21.88%。如图1-31所示。

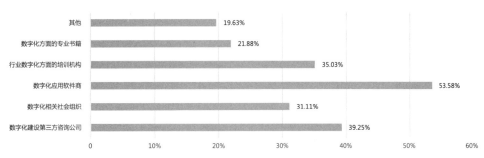

图 1-31 被调研者学习数字化相关知识的渠道情况

在前文的调研数据中，76.25% 的被调研者有 5 年以上的建筑业从业经验，但仅有 26.6% 的被调研者有着 5 年以上的数字化工作经验；不过通过多渠道的不断学习，在应用实践中研究累计，被调研者对于自身数字化知识和技术的信心十分充足；其中非常有信心的调研对象占比 26.30%；比较有信心的调研对象占比 33.56%；处于中间水平的调研对象占比 22.57%。如图 1-32 所示。

对于企业进行数字化建设中遇到的阻碍因素，缺乏数字化相关人才是企业面临的最重要问题，所占比例达到 54.96%；排在第二位的阻碍因素是缺乏数字化应用实施的经验和方法，占比 44.85%；第三位是数字化应用及数据标准不够健全，占比 36.02%。如图 1-33 所示。

对于数字化的主要推动力，企业自身、政府和行业协会占据主要地位，尤其是企业自身推动数字化发展备受重视，有 73.80% 的被调研者选择此选项；其次是政府的推动作用，66.63% 的被调研者选择；有 41.71% 的被调研者选择了行业协会，重要性排在第三位；业务和软件企业推动力在被调研者心中相近，分别为 25.22% 和 23.95%。如图 1-34 所示。

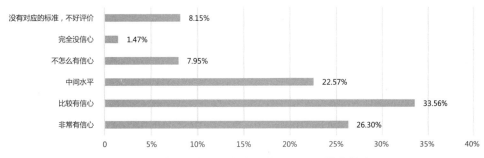

图 1-32 被调研者对于自身数字化知识和技术的信心

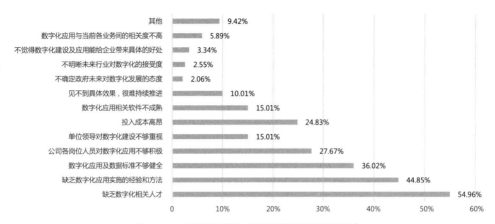

图 1-33 被调研者企业数字化建设阻碍因素

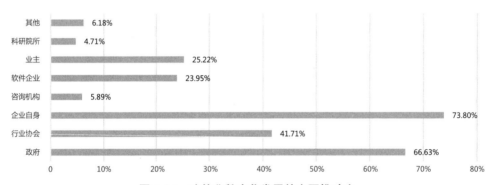

图 1-34 建筑业数字化发展的主要推动力

对于近五年建筑业数字化建设相关政策，被调研者对推行效果有充分的认可，64.08% 的人认为政策推行是成功的；但从调研数据来看，行业对于通过更多政策支撑数字化发展仍然存在很大的希冀。如图 1-35 所示。

针对现阶段建筑业数字化最迫切要做的事，59.76% 的被调研者认为是数字化与管理相融合；其次是建立数字化方面的人才培养机制，有 48.58% 的被调研者选择；第三位是提升决策者对数字化的重视，占比 43.47%；位列第四位、第五位的是制定数字化行业标准、法律法规，建立健全与数字化方面配套的行业监管体系，选择者分别占比 30.13% 和 26.10%；此外，也有调研对象进一步提出行业要制定数字化应用激励政策，数字化服务商应开发研究更好、更多的数字化软硬件系统。如图 1-36 所示。

从数字化发展趋势来看，BIM、物联网、AI 等技术与项目现场管理融合更加深入，提升项目管理能力和数字化与管理结合更加紧密，提升企业管理能力占据前两位，与其他趋势项拉开距离，认为以上两项是发展趋势的被调研者占比重分别为 65.06% 和 63.89%；此外，占比 45.53% 的被调研者认为数字化大幅度提升工作效率。也有为数不少的被调研者认为未来数字化发展趋势还包含基于数字化平台、打通各价值链、实现建筑产业协同平台（占比 28.16%），打破企业数据孤岛、管理企业数据资产、提升企业决策能力（占比 26.20%）。如图 1-37 所示。

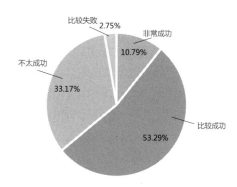

图 1-35　近五年建筑业数字化建设相关政策推行效果

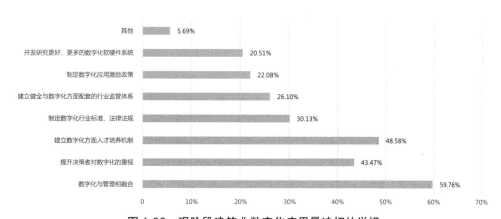

图 1-36　现阶段建筑业数字化应用最迫切的举措

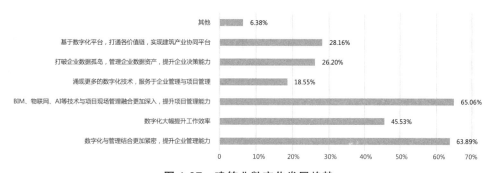

图 1-37　建筑业数字化发展趋势

站在公司决策者的角度，企业进行数字化建设和应用，最期望看到的价值是"项目的全方位数字化展示(包括进度、质量、安全、人员、成本、收益等)"，有 80.08% 的被调研者赞同这一观点；赞同"各公司的经营状况、效益等"者占比 48.77%；42.59% 的被调研者选择"潜在的风险、问题"；"产业链信息：如供应链状况、伙伴信用、产业新型技术、其他样板等"的支持者占比 35.72%；支持者较低的是"未来发展趋势（占比 19.53%）""战略指标的落实情况（占比 16.00%）"和"重大事项、重大资金、重大人事任免等（占比 8.34%）"。如图 1-38 所示。

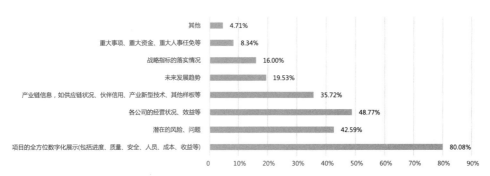

图 1-38　公司决策者视角下的数字化价值

在被调研者的认知中，目前数字化推进中最大的挑战是"大多数人不了解数字化及数字化价值"，占比 26.99%；其次是"各系统独立，数据不共享"，有 17.76% 的被调研者持此观点；排在第三位的是企业内"各部门各司其职，协同难度大"，有 15.70% 的认同者。如图 1-39 所示。

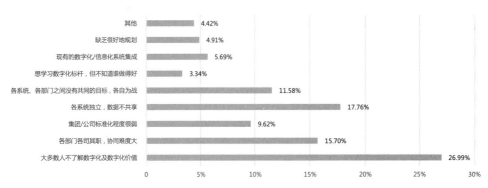

图 1-39　目前数字化推进的最大挑战

为了更好地追根溯源，此次调研中对被调研者所在企业在数字化推进中，目前最迫切解决谁的需求或问题进行了追问；其中业务部门的需求排在第一位，有 27.38% 的认同者；其次是集团或者公司领导的需求，选此项者占比 24.04%；操作者的需求或者问题同样是比例较高的一项，占比 20.22%；超过 10% 的被调研者认同的观点还有产业链、生态伙伴的需求和问题；政府和监管机构的需求则排在最末，仅有 7.26% 的人持此观点。如图 1-40 所示。

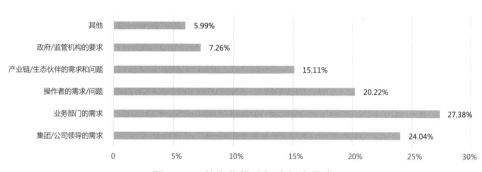

图 1-40　数字化推进解决何方需求

1.3　建筑业典型企业数字化应用情况分析

数字化应用的主体是建筑业企业，基于对建筑业企业数字化应用情况深度了解的需要，编委会特别组织了为时 5 个月的典型性企业深度走访调研，对各企业不同角色进行了详细探讨交流，旨在更加深入地了解不同类型、不同情况企业对于数字化应用的实际现状。由于各企业的内容篇幅过长，本小节仅进行部分结论的分析汇总，每家企业的详细调研内容，收录在本报告"附录 A 建筑业典型性企业数字化应用调研情况汇编"，请感兴趣的读者进行查阅。

在企业走访过程中，编委会发现了 4 个共性的现象，即企业对于数字化工作重视程度普遍很高、企业普遍通过数字化应用来解决业务问题、企业普遍看重数据的价值、企业在工程项目上的数字化投入普遍由公司统一考虑。同时也总结出企业面临的 4 个共性的问题，即企业普遍存在积累的数据不知如何发挥更大价值的问题、各业务条线数字化应用数据标准不统一的问题、一线人员对数字化应用存在抵触情绪的问题、数字化建设与应用的经济投入无法实现外循环的问题。当然，整个调研过程中编委会还发现了 3 个规律特点，即企业规模越大，对数字化的投入越多；企业业务或管理发生变化越大，对数字化的需求越迫切；对数字化建设思路越清晰的企业，数字化应用效果越显著。下面，将对上述三个方面的内容进行详细分析。

首先是调研过程中的共性现象。一是被调研企业普遍对数字化工作非常重视，大多数企业都将企业数字化建设作为"一把手"工程推进，数字化领导小组由董事长、总经理担任，并且匹配较大的权力和资源，推动企业的数字化转型升级。二是被调研企业对于数字化的应用目的，普遍是为了解决企业各业务条线的实际问题，特别是工程项目一线的作业问题和管理问题，通过数字化应用提升标准化水平，对于数字化应用与业务场景的结合以及价值预设相对明确。三是被调研企业普遍看重数据的价值，有意识地进行数据的采集、积累，并逐步考虑数据的应用。四是被调研企业在项目上的数字化建设所投入的费用，普遍由公司层面统一考虑；对于数字化应用效果的评价，往往由公司和项目部以不同权重比例共同判定。

其次是调研过程中企业面对的共性问题。一是企业普遍存在积累的数据不知如何利用的问题，进一步分析，企业普遍还没有形成以数据作为生产要素的习惯和建立数据驱动决策的能力，全行业也没有特别成熟的案例可以借鉴，这就要求企业要根据自身业务特点，进行业务架构的梳理，并明确需要怎样的数据来如何辅助决策，从而解决数据利用价值的问题。二是企业在推进数字化工作中，普遍存在不同业务条线、不同软硬件服务商之间数据标准不统一的问题，深层次的原因更多出现于数字化应用产品的服务商充分市场化，行业又没有完善的数据标准体系与强制性要求，这就导致此类问题无法获得很好的解决，不过随着软硬件应用广度和深度的提升，加之行业标准体系的逐步成熟，相信此类问题会随之得以解决。三是企业普遍存在项目一线人员对于数字化应用有抵触情绪的问题，这主要是由两方面原因造成的，其一是管理本身就是"反人性的"，加之数字化应用又需要新习惯的建立，一线人员难免抵触；其二是现阶段数字化应用产品的易用性也存在一定问题，这给一线人员形成应用习惯又设置了阻碍，作为企业可以设计更加适合企业自身情况的流程制度，在数字化推进的前期阶段辅助一线人员形成应用习惯。四是企业在数字化方面的经济投入，普遍得不到本企业以外的经济回报，不利于企业数字化建设可持续性的问题，这就需要行业各方能够逐步形成统一的数字化应用价值共识体系，前期业主方的价值认可尤为重要，企业要考虑价值链主的核心需求，同时也需要行管进行一些政策上的鼓励与支持。

最后是调研过程中发现的规律特点。我们发现，第一，企业规模越大，对数字化的投入相对越多，尤其是数字化工作负责人，例如CIO、信息中心总经理等，有很多规模大的企业从数字化应用成熟的行业跨行业聘用，来帮助企业进行数字化工作的梳理和推进。第二，企业业务有较为明显的变化，如近期的业务规划中某一之前较少涉猎的类型工程迅速增长，如以房建项目为主的企业近期大量增加市政工程类项目，或近期业务主要由传统施工总承包工程转向大幅度增加工程总承包、装配式建筑等类型工程项目的企业；企业的管理体系或管理班子近期发生较明显的变化，如短期对项目的管理精细程度要求明显提高，或整套管理班子发生较大程度调整的企业，明显发现有这些情况发生的企业对于数字化应用并带来切实效果的诉求相对更加迫切，例如促进企业业务管理标准化的共识与落地。第三，并非过去信息化建设相对成熟或人员投入更多的企业，在现阶段推进数字化转型建设的效果就会更好；企业对于数字化转型建设的思路越明晰、目的性越强、对数字化技术和数字化思维的认知越清楚的企业，现阶段数字化转型的成果和价值越显著。

以上就是在企业深度走访调研过程的一些发现，希望能够更加全面系统地帮助读者了解建筑业企业数字化转型的情况，也为后面章节更具体的内容进行现状梳理。

第 2 章
建筑业数字化转型的内涵与影响因素

在调研过程中，编委会发现对于建筑业数字化转型，行业已经形成了大体的认知共识，但对于具体定义见仁见智。"数字中国"作为国家战略，伴随新一轮科技和产业变革正在迅猛发展，全球经济正处在一个前所未有的变轨期。建筑业是我国重要的支柱产业，亟须通过数字化转型升级，更好地实现高质量可持续发展。建筑业企业作为市场主体，应该充分发挥经济主导作用，主动把握和引领建筑业数字化转型升级。本章节将集中阐述数字化与建筑业企业转型升级的关系，以及建筑业企业数字化转型要考虑的政策、市场环境和企业长短期的发展需要。

2.1 数字化转型的内涵

数字化转型是通过数字化的方式实现原有业务的转型升级，数字化源自业务本身，同时又服务于业务成功。建筑业企业的转型升级主要涉及管理模式的升级和业务结构的转型两个方面，本小节将围绕数字化转型的内容、数字化与管理升级、数字化与企业战略进行详细介绍。

2.1.1 数字化转型的内容

数字化转型从字面上可以分为"数字化"和"转型"两部分，其中"数字化"有两层含义的理解，即数字化技术和数字化思维。数字化技术是 BIM、IoT、大数据、云技术、AI、互联网等技术；数字化思维则是一种思维模式的进化，数字化思维也是系统性的，在三元系统论中，同时具备要素、关系、准则时就可以称之为系统，系统性数字化思维中要素即数据、关系即连接、准则即算法，数字化思维可以将管理决策提升到一个新的高度。"转型"是指事物的结构形态、运转模型和观念的根本性转变过程。不同转型主体的状态及其与客观环境的适应程度，决定了转型内容和方向的多样性。转型是主动求新求变的创新过程。

结合调研过程中企业对数字化的理解可以总结为，数字化转型是以新建一种运营模式为目标的高层次转型，是支撑企业转型升级的重要手段。数字化转型升级应该是业务驱动的，其本质上是从"业务需求"出发，最终回归到解决"业务问题"。所以，企业的数字化转型要与企业发展战略高度耦合。企业的发展战略会兼顾长短期目标，并且分阶段、分节奏进行推进，那么企业的数字化转型规划也要与不同阶段企业战略中的重点任务相结合，数字化阶段成果要支撑企业在这一阶段下的战略推进；与此同时，结合企业整体战略方向，企业的数字化转型规划也要具备全局意识，系统性布局企业的数字化转型发展。只有做好这些，企业的数字化转型工作才能更好地支撑企业战略，为企业良性发展带来更大的价值。

企业在数字化转型过程中应遵循的主要原则，包括价值导向、数据驱动、统筹推进、开放合作。价值导向方面，要坚持将企业持续发展的价值效益作为核心评判依据，有效平衡、兼顾实效性价值与中远期发展价值，建立覆盖数字化转型重大投资决策、应用决策、成效评价及绩效考核的建设与治理体系，不断激发企业转型动力和活力。数据驱动方面，要将数据作为新的生产要素，深化数据资源的识别、开发、利用，通过数据治理使得资源变资产，并逐步丰富资产，提升数字资产价值，促进以数据为核心的新型产品与服务创新，带动提高全要素生产率和创新水平。统筹推进方面，要导入先进的系统化管理体系，做好企业数字化转型蓝图与推进路线图的顶层设计与过程把控，结合公司现状和长短期目标，与公司业务调整匹配，赋能业务成功，确保战略、业务、技术的一致性和协调联动，促进整体协同效应的发挥。开放合作方面，要树立开放、包容的发展理念，加强资源和能力开放共享，有效利用先进技术与实践，补齐发展中的能力短板，加快基于平台的能力社会化输出，构建互利共赢的合作生态，又好又稳地加快数字化能力建设。

当然，数字化转型不是孤立的某些流程的改变或是局部的组织的调整，而是必须在整个企业层面，包括流程、人才、组织、文化、制度等方面都做出有计划的、系统性的调整。流程方面，企业要建立数字决策的流程，数字决策逐渐替代人工审核，从而提高决策效率和决策科学性，同时通过数据积累与分析，持续优化原有流程，甚至对流程进行再造。人才方面，企业要结合长短期数字化转型发展需要，建立人才发展体系，持续培养既懂企业业务又具备数字化思维和数字化技术应用的复合型人才，并将企业专业人才的业务经验逐步转化成企业数字化能力，实现数字决策来降低对人员能力和经验的要求。组织方面，企业要自上而下贯穿统一的数据中心为各级组织赋能，在决策过程中，可以建立扁平化组织，公司总部定位为决策中心，项目部定位为执行中心。文化方面，企业要形成统一的数字化思维和意识，数字化转型不仅是"一把手"工程，更是涉及全员、全要素的创新活动，要充分激发基层创新活力，营造勇于、乐于、善于数字化转型的氛围，强化"上下一盘棋"。制度方面，企业要建立相匹配的治理体系并推进管理模式持续变革，以提供资源和管理保障，同时，要对管理过程和管理结果进行数字评价，特别是过程的数字评价容易被企业忽视。

2.1.2 数字化转型与管理升级

企业在进行管理升级的过程中，要结合制约企业发展的阻碍，并可以通过管理力度或管理方式的调整解决问题来进行。从建筑业企业管理升级来看，主要分为两部分内容，即提高项目的精细化管理水平和专业化水平。粗放的管理方式在挤压项目收益的同时，项目履约风险也在不断攀升，项目的粗放式管理主要体现在三个方面：首先是人员、材料、设备等生产要素的管理粗放，这些生产要素是项目的主要成本构成，也是项目的主要浪费；其次是对岗位的管理动作不规范和管理结果模糊，给项目履约留下很大的风险隐患；再次，项目的复杂程度提高，需要更专业的公司专注于某类项目，提供更专业化的服务，如机场、医院、高端制造业厂房、各类基础设施等，这类市场逐渐呈上升趋势，企业试图在某一领域打造自身独特竞争力时，仅靠小部分人的个人经验很难支撑规模化发展，完全靠"师傅带徒弟"再完整项目历练的培养方式也很难满足企业快速抢占市场的发展需求。

从数字化助力提升管理精细化程度来看，一是在提升人、材、机等生产要素的管理水平上，全面数字化可以最大限度地提高使用率，减少浪费，同时可以识别生产过程中可能出现的安全隐患，借助 IoT、AI 等技术可以对这类生产要素进行数据获取。例如现阶段建筑业企业对劳务人员的管理不够精细，劳务纠纷的情况时有发生，通过数字化手段，可以实现对每一个工地所有作业时间的劳务人员出勤情况的实时统计，并且通过对作业过程的数字化管理，降低劳务人员安全事故的发生，大大提高企业管理水平。再例如物资管理，工程项目物资成本占据总成本较大比例，而项目部及公司对于物资的管理精细化程度却不够，材料浪费、材料信息不准确的情况普遍存在，通过数字化管理，从项目部到公司的各级人员都能更准确地掌握物资的使用情况，并分析出损耗不合理之处，加之数据的持续积累与有效分析，可以更好地提升公司及项目部各级对物资的管理能力。二是在提升管理动作和管理结果规范程度上，一方面企业要达成共识的管理评价标准及规范，另一方面依靠数字化技术将这些标准和管理者的管理行为建立关联关系，实现过程风险识别和控制，例如安全隐患的排查，公司的管理体系里应该有针对不同风险源在某个阶段相关岗位必须履行的管理动作，如挑架在搭设过程中和使用前分别由安全员到场检查且明确检查项，可以一定程度上降低安全事故发生的概率，而数字化技术可以实时跟踪并更精准地识别风险，如在挑架上安装感应器跟踪使用过程中的荷载，并在识别到风险隐患时进行智能提示。

从数字化助力提高管理专业化能力来看，专业性要求比较高的特殊类型项目，可以从提高数字化系统的专业度着手，由关注业务流程升级为关注业务成果内容，例如过去信息化系统已经成熟运用的方案审批、成本报表审批等审批流程，业务流程驱动的检查、巡检、验收等，可以转向关注如何编制经济可行的基坑施工方案，如何制定经济可行的施工计划，如何制定一套经济可行的成本目标。我们可以回归业务目的，先将业务成果结构化，再将业务成果的形成过程结构化，分层、分级实现业务成果数字化，让数字化赋能企业管理专业度升级。正如滴滴打车的数据驱动业务模式，通过数据、连接、算法，让乘客等待时间和司机空驶时间都接近于零，数据驱动的业务专业度升级带来的价值将有很大的想象空间。

2.1.3 数字化转型与企业战略

企业在进行战略方向制定的过程中，业务选择是第一步，转型升级的过程也是一个复杂的过程，这种业务调整可能需要对原有管理体系甚至组织结构进行调整，有长期目标，所以更重要的是要结合企业现状制定可以落地的阶段性目标和路径，其节奏还需要考虑人的转变周期。现阶段一些企业已经进行了很多层面的企业战略调整，可总结为业务范围的转变，如从房建项目到市政类项目的调整；服务模式或价值链延伸的转变，如从传统施工总承包为主向EPC、D+B、P&D+B、PPP项目的业务倾斜或调整，向某项专业承包业务的转变；产业链或供应链的转变，如提供融资服务、预制装配、材料供应、劳务专业的延伸与拓展等，这些都是在市场变化下企业的战略选择及调整。对于企业战略调整，尤其是业务从立项、投融资、设计、施工、运营的项目全周期范围内做价值链横向扩展而言，企业的人才能力、组织结构、业务流程及活动等都与传统施工总承包模式有很大差别，企业的转型升级方案是要基于差距分析结果而制定的渐进式升级方案，这些空白区就是数字化建设的主要内容。

企业战略的拓展更倾向于企业发展的中长期战略规划，这些转变对企业的影响相对更大，调整的深度和广度也相对更多，需要制定符合实际情况的发展节奏，企业在"活下来"的基础上重新构建企业的商业模式，同时也需要在企业制定战略规划时同步制定数字化发展战略，基于企业战略，结合数字化思维进行业务模式、制度流程、组织设计等方面的重构，当然在过程中仍需要解决特定阶段的管理升级问题。

2.2 数字化转型的影响因素

建筑业在数字化转型的进程中，除了要充分理解数字化转型的本质与内涵，还需要对内部及外部影响因素有清晰的认知和判断，这样才能够在符合当下行业环境的情况下做好转型工作。本小节将围绕建筑业企业在数字化转型过程中所面临的政策环境、市场环境、发展需求等方面进行详细介绍。

2.2.1 建筑业企业数字化转型政策环境分析

我国高度重视数字经济的发展。"十三五"以来，国家先后出台了一系列政策文件，以推动传统产业和数字经济的深度融合，助力传统行业及企业实现数字化转型。

2021年3月，《中华人民共和国国民经济和社会发展第十四个五年规划和2035年远景目标纲要》（以下简称《规划纲要》）公布，《规划纲要》将数字经济单列成篇，提出加快数字化发展，推动产业数字化转型，打造数字经济新优势，建设数字中国。作为"十四五"时期指导我国国民经济发展的最重要的纲领性文件，《规划纲要》将数字化作为推动经济社会发展的重要战略手段，第一次将数字化作为专篇进行重点部署，第一次明确数字经济体系内容，第一次将场景作为发展数字经济的重要抓手，第一次明确强调数据要素的重要作用。有了国家层面的政策"背书"，行管部门也出台了建筑业数字化转型的纲领性文件。2022年2月，住房和城乡建设部印发了《"十四五"建筑业发展规划》，提出加快智能建造与新型建筑工业化协同发展等主要任务。

在国家和部委的政策引领下，我国绝大多数省、自治区、直辖市都出台了建筑业数字化转型的相关政策，政策出台的步调大体上和中央保持一致，而在政策的广度和深度上，较中央更进一步。截至2021年12月31日，全国共有

13个省（直辖市、自治区）颁布建筑业"十四五"发展规划。各地有关行业数字化的政策文件竞相出台，与国家级的政策一起构建了一张推进数字化转型落地实施的立体政策网，为后续这些上层建筑的落地奠定了坚实的制度基础。

纵观近年来从中央到地方出台的一系列有关支持建筑业数字化转型升级的政策，有3个动向值得关注。

首先，政策的规格和地位越来越高。早期在一些中央政策文件中，更多的是在方向上指引以及提倡建筑业要和先进的信息技术相结合，且大多散落在工业和信息化部、国家发展和改革委员会等发布的文件中；2019年以后，有关建筑业数字化的政策规格有了明显的提高，像上文提到的《中华人民共和国国民经济和社会发展第十四个五年规划和2035年远景目标纲要》和《"十四五"数字经济发展规划》，这标志着数字化转型已正式上升为整个国家的产业发展战略。

其次，政策发布的频次越来越高，涉及范围越来越广泛。不管是有关建筑行业数字化的"指导意见"，还是针对建筑业数字化转型的具体"管理办法"，这些政策发布的时间间隔越来越短，特别是在2021年，围绕数字化、智能建造相关的各种政策的输出几乎是以"月"为单位。

再次，政策中有关数字化转型的规定越来越系统，可落地和可执行性越来越强。自2020年下半年开始，"智能建造""绿色建造""数字化"等新名词就频繁地出现在各种政策文件中，相关表述也越来越规范和系统。此外，随着发布频次的加大，政策中有关数字化的内容已不再局限于非核心环节，而是着眼于设计、施工、运营全产业链，涵盖工程的安全、质量、环境保护等多个维度，政策的可落地和可执行性也越来越强。

表2-1、表2-2列举了近年来国家层面和地方上有关建筑业数字化转型的部分政策，详细内容可在中央及各地政府官方网站上进行查阅。

2017～2022年国家层面有关建筑行业数字化政策重点内容的解读　　　　表2-1

序号	政策名称	发布单位	发布时间	重点内容解读
1	《住房城乡建设部办公厅关于进一步推进勘察设计资质资格电子化管理工作的通知》	住房和城乡建设部	2017年10月	将工程项目的招标投标、施工图审查、合同备案、施工许可、竣工验收备案等环节的数据，全部纳入省级建筑市场监管一体化工作平台，与全国建筑市场监管公共服务平台实时对接联通

续表

序号	政策名称	发布单位	发布时间	重点内容解读
2	《住房和城乡建设部工程质量安全监管司2018年工作要点》	住房和城乡建设部	2018年3月	进一步推动BIM等建筑业信息化技术发展。继续开展建筑业10项新技术的宣传推广，加强建筑业应用技术研究，推动建筑业技术进步
3	《住房城乡建设部办公厅关于同意在部分地区开展住房和城乡建设领域从业人员有关证书电子化试点的复函》	住房和城乡建设部	2018年5月	同意北京市、上海市、重庆市、江苏省、浙江省、陕西省、四川省开展住房和城乡建设领域从业人员相关证书电子化试点，电子化证书与纸质证书具有同等效力
4	《住房城乡建设部办公厅关于建设工程企业资质统一实行电子化申报和审批的通知》	住房和城乡建设部	2018年9月	自2019年1月1日起对建设工程企业资质统一实行电子化申报和审批
5	《住房和城乡建设部人力资源社会保障部关于印发建筑工人实名制管理办法（试行）的通知》	住房和城乡建设部、人力资源社会保障部	2019年2月	建筑业现场履职信息将全网覆盖，全面实行建筑业农民工实名制管理制度，施工现场原则上实施封闭式管理。设立进出场门禁系统，采用人脸、指纹、虹膜等生物识别技术进行电子打卡
6	《中共中央 国务院印发〈交通强国建设纲要〉》	中共中央、国务院	2019年9月	大力发展智慧交通。推动大数据、互联网、人工智能、区块链、超级计算等新技术与交通行业深度融合。推进数据资源赋能交通发展，加速交通基础设施网、运输服务网、能源网与信息网络融合发展，构建泛在先进的交通信息基础设施
7	《住房和城乡建设部等部门关于推动智能建造与建筑工业化协同发展的指导意见》	住房和城乡建设部、国家发展改革委等13部门	2020年7月	大力发展建筑工业化为载体，以数字化、智能化升级为动力，创新突破相关核心技术，加大智能建造在工程建设各环节应用，形成涵盖科研、设计、生产加工、施工装配、运营等全产业链融合一体的智能建造产业体系，提升工程质量安全、效益和品质，有效拉动内需，培育国民经济新的增长点
8	《住房和城乡建设部等部门关于加快新型建筑工业化发展的若干意见》	住房和城乡建设部、科技部等9部门	2020年8月	提出包括加强系统化集成设计、优化构件和部品部件生产、推广精益化施工、加快信息技术融合发展、创新组织管理模式、强化科技支撑、加快专业人才培育、加大政策扶持力度在内的九大意见

续表

序号	政策名称	发布单位	发布时间	重点内容解读
9	《住房和城乡建设部办公厅关于同意开展智能建造试点的函》	住房和城乡建设部	2021年2月	住房和城乡建设部同意将佛山顺德凤桐花园项目、重庆美好天赋项目等项目列为智能建造试点项目，围绕建筑业高质量发展，以数字化、智能化升级为动力，创新突破相关核心技术，加大智能建造在工程建设各环节应用，提升工程质量安全、效益和品质，尽快探索出一套可复制可推广的智能建造发展模式和实施经验
10	《国务院关于加快建立健全绿色低碳循环发展经济体系的指导意见》	国务院	2021年2月	到2025年，基础设施绿色化水平不断提高；到2035年，绿色产业规模迈上新台阶，重点行业、重点产品能源资源利用效率达到国际先进水平，广泛形成绿色生产生活方式；包括要健全绿色低碳循环发展的生产体系，提升产业园区和产业集群循环化水平，加快基础设施绿色升级，推进城镇环境基础设施建设升级等
11	《住房和城乡建设部办公厅关于印发绿色建造技术导则（试行）的通知》	住房和城乡建设部	2021年3月	绿色建造的主要技术要求：采用系统化集成设计、精益化生产施工、一体化装修的方式，加强新技术推广应用，整体提升建造方式工业化水平；结合实际需求，有效采用BIM、物联网、大数据、云计算、移动通信、区块链、人工智能、机器人等相关技术，整体提升建造手段信息化水平
12	《国家发展改革委关于印发〈2021年新型城镇化和城乡融合发展重点任务〉的通知》	国家发展改革委	2021年4月	推进以县城为重要载体的城镇化建设，加快推进城乡融合发展；加快建设现代化城市建设，推进市政公用设施智能化升级，建设"城市数据大脑"等数字化智慧化管理平台，推动数据整合共享，打造低碳绿色城市
13	《住房和城乡建设部办公厅关于启用全国工程质量安全监管信息平台的通知》	住房和城乡建设部	2021年4月	全面推行"互联网+监管"模式，以信息化手段加强房屋建筑和市政基础设施工程质量安全监管，大力促进信息共享和业务协同
14	《装配式内装修技术标准》	住房和城乡建设部	2021年6月	装配式内装修应以提高工程质量及安全水平提升劳动生产效率、减少人工、节约资源能源、减少施工污染和建筑垃圾为根本理念，并应满足标准化设计、工厂化生产、装配化施工、信息化管理和智能化应用的要求

续表

序号	政策名称	发布单位	发布时间	重点内容解读
15	《住房和城乡建设部办公厅关于印发智能建造与新型建筑工业化协同发展可复制经验做法清单（第一批）的通知》	住房和城乡建设部	2021年7月	围绕数字设计、智能生产、智能施工等方面积极探索，推动智能建造与新型建筑工业化协同发展取得较大进展，提供各地可复制经验做法清单，包括发展数字设计、推广智能生产、推动智能施工、建设建筑产业互联网平台、研发应用建筑机器人等智能建造设备、加强统筹协作和政策支持
16	《民航局关于印发推动民航智能建造与建筑工业化协同发展的行动方案的通知》	中国民用航空局	2021年8月	在机场选址、总体规划、初步设计及施工图设计阶段综合运用BIM、GIS、模拟仿真等技术，强化设计与施工的衔接，施工阶段运用BIM等手段深化设计方案，加强协同设计组织，鼓励使用协同设计平台；推动智慧工地建设，研发推广智能装备，建设项目综合管理平台等
17	《工业和信息化部 国家标准化管理委员会关于印发〈国家智能制造标准体系建设指南（2021版）〉的通知》	工业和信息化部、国家标准化管理委员会	2021年11月	持续完善国家智能制造标准体系，指导建设各细分行业智能制造标准体系，切实发挥标准对推动智能制造高质量发展的支撑和引领作用
18	《国务院关于印发"十四五"数字经济发展规划的通知》	国务院	2021年12月	加快建设信息网络基础设施。建设高速泛在、天地一体、云网融合、智能敏捷、绿色低碳、安全可控的智能化综合性数字信息基础设施。加快实施"东数西算"工程，推进云网协同发展，提升数据中心跨网络、跨地域数据交互能力，加强面向特定场景的边缘计算能力，强化算力统筹和智能调度
19	《住房和城乡建设部关于印发"十四五"建筑业发展规划的通知》	住房和城乡建设部	2022年1月	规划提出了加快智能建造与新型建筑工业化协同发展、健全建筑市场运行机制、完善工程建设组织模式、培育建筑产业工人队伍、完善工程质量安全保障体系、稳步提升工程抗震防灾能力、加快建筑业"走出去"步伐等主要任务
20	《关于加快推进城镇环境基础设施建设的指导意见》	国家发展改革委、住房和城乡建设部等4部门	2022年1月	到2025年，城镇环境基础设施供给能力和水平显著提升，加快补齐重点地区、重点领域短板弱项，构建集污水、垃圾、固体废物、危险废物、医疗废物处理处置设施和监测监管能力于一体的环境基础设施体系。到2030年，基本建立系统完备、高效实用、智能绿色、安全可靠的现代化环境基础设施体系

第 2 章 建筑业数字化转型的内涵与影响因素

续表

序号	政策名称	发布单位	发布时间	重点内容解读
21	《住房和城乡建设部关于印发"十四五"建筑节能与绿色建筑发展规划的通知》	住房和城乡建设部	2022年3月	提高新建建筑节能水平。引导京津冀、长三角等重点区域制定更高水平节能标准,开展超低能耗建筑规模化建设,推动零碳建筑、零碳社区建设试点。在其他地区开展超低能耗建筑、近零能耗建筑、零碳建筑建设示范
22	《住房和城乡建设部关于印发"十四五"住房和城乡建设科技发展规划的通知》	住房和城乡建设部	2022年3月	研究零碳建筑、零碳社区技术体系及关键技术,开展高效自然通风、混合通风、自然采光、智能可调节围护结构关键技术与控制方法研究,研究零碳建筑环境与能耗后评估技术,开发零碳社区及城市能源系统优化分析工具

近年来地方有关建筑行业数字化的政策概览　　表 2-2

序号	政策名称	地区	时间
1	《重庆市住房和城乡建设委员会关于推进智能建造的实施意见》	重庆	2020年12月
2	《济南市房屋建筑和市政基础设施项目工程总承包管理办法(征求意见稿)》	山东	2020年12月
3	《北京市住房和城乡建设委员会关于激励本市房屋建筑和市政基础设施工程科技创新和创建智慧工地的通知》	北京	2021年1月
4	《关于推广使用省建设工程安全监督系统手机 APP 的通知》	湖北	2021年1月
5	《关于加快推进我市建筑信息模型(BIM)技术应用的通知》	江苏(南京)	2021年2月
6	《关于推动智能建造与建筑工业化协同和加快新型建筑工业化发展的实施意见》	江西	2021年2月
7	《关于推动智能建造与建筑工业化协同发展的指导意见》	陕西	2021年2月
8	《合肥市 2021 年装配式建筑工作要点》	安徽	2021年3月
9	《2021 年全省建筑节能与科技工作要点》	安徽	2021年3月
10	《关于推动浙江建筑业改革创新高质量发展的实施意见》	浙江	2021年3月
11	《重庆市住房城乡建设领域数字化企业试点管理办法(试行)》	重庆	2021年3月
12	《河北省建筑信息模型(BIM)技术应用指南(试行)》	河北	2021年4月
13	《河南省房屋建筑和市政基础设施工程信息模型(BIM)技术服务计费参考依据》	河南	2021年4月
14	《2021 年全省建筑节能与建设科技工作要点》	辽宁	2021年4月
15	《自治区智慧工地一体化服务平台推广使用工作方案(试行)》	新疆维吾尔自治区	2021年4月
16	《关于加快推进装配式建筑发展若干政策措施的通知(征求意见稿)》	黑龙江	2021年4月

续表

序号	政策名称	地区	时间
17	《江苏省住房城乡建设厅关于推进碳达峰目标下绿色城乡建设的指导意见》	江苏	2021年4月
18	《关于进一步推进本市工程建设项目施工图设计文件审查改革工作的通知》	上海	2021年5月
19	《关于推进智慧工地建设的指导意见》	吉林	2021年5月
20	《广东省人民政府办公厅关于印发广东省促进建筑业高质量发展若干措施的通知》	广东	2021年5月
21	《湖南省绿色建造试点实施方案》	湖南	2021年5月
22	《2021年郑州市建筑节能与装配式建筑发展工作要点》	河南	2021年6月
23	《广西壮族自治区人民政府办公厅印发关于促进广西建筑业高质量发展若干措施的通知》	广西	2021年6月
24	《城市信息模型（CIM）基础平台技术导则》（修订版）	广东	2021年6月
25	《广州市住房和城乡建设局关于开展智慧工地试点项目工作的通知》	广东	2021年7月
26	《全省房屋建筑和市政工程智慧工地建设指导意见》	山东	2021年7月
27	《江苏省"十四五"勘察设计行业发展规划》	江苏	2021年7月
28	《福建省建筑业"十四五"发展规划》	福建	2021年8月
29	《四川省"智慧工地"建设工作方案》	四川	2021年8月
30	《湖北省住房和城乡建设厅等部门出台关于推动新型建筑工业化与智能建造发展的实施意见》	湖北	2021年9月
31	《北京市房屋建筑和市政基础设施工程智慧工地做法认定关键点》	北京	2021年9月
32	《四川省加快推进新型基础设施建设行动方案（2020—2022年）》	四川	2020年9月
33	《上海市住房和城乡建设管理"十四五"规划》	上海	2021年9月
34	《云南省"十四五"建筑业发展规划》	云南	2021年10月
35	《郑州市人民政府关于支持建筑业高质量发展的十条意见》	河南（郑州）	2022年7月
36	《河北省新型建筑工业化"十四五"规划》	河北	2021年11月
37	《关于推动智能建造与新型建筑工业化协同发展的实施意见》	青海	2021年12月
38	《关于开展"绿色工地"试点工作的通知》	安徽	2021年12月
39	《关于进一步做好工程项目数字化建造试点工作的通知》	重庆	2021年12月
40	《广东省建筑业"十四五"发展规划》	广东	2021年12月
41	《关于加快推进建筑信息模型（BIM）技术应用的实施意见（试行）》	广东（深圳）	2021年12月
42	《湖北省住房和城乡建设厅等部门关于推动新型建筑工业化与智能建造发展的实施意见责任分工方案》	湖北	2021年12月
43	《海南省装配式建筑标准化设计技术标准》	海南	2021年12月

续表

序号	政策名称	地区	时间
44	《重庆市建筑业"十四五"发展规划（2021—2025年）》	重庆	2022年1月
45	《天津市节能"十四五"规划》	天津	2022年1月
46	《西安市推动智能建造与新型建筑工业化协同发展实施方案》	陕西（西安）	2022年2月
47	《杭州市人民政府办公厅关于促进我市建筑业高质量发展的实施意见》	浙江（杭州）	2022年2月
48	《黑龙江省推动工业振兴若干政策措施》	黑龙江	2022年3月
49	《2022年全省建筑业工作要点》	江苏	2022年4月
50	《云南省促进建筑业高质量发展的若干举措》	云南	2022年4月
51	《关于实施建筑业提质行动的若干举措》	山西	2022年4月
52	《浙江省人民政府办公厅关于进一步支持建筑业做优做强的若干意见》	浙江	2022年7月
53	《支持建筑业企业发展的十条措施》	四川	2022年6月
54	《吉林省人民政府办公厅关于支持建筑业企业发展若干措施的通知》	吉林	2022年5月
55	《关于支持建筑业高质量发展的三条政策措施》	河北	2022年6月

2.2.2 建筑业企业数字化转型市场环境分析

从市场环境来看，建筑业规模庞大，但整体正处在产业结构调整的关键时期，房地产投资相对疲软，而基建领域的投资则呈稳健增长态势。基础设施建设投资中，政府投资和公共支出的规模扩大，这对于拉动经济增长有着加倍扩大的作用。因此，基建投资是政府进行逆周期调节、实现经济稳增长的重要抓手。另外，建筑业整体利润率偏低也是业内一个不争的事实。据中国建筑业协会发布的《2021年建筑业发展统计分析》报告显示，建筑业产值利润率（利润总额与总产值之比）自2014年达到最高值3.63%后，总体呈下降趋势。2021年，建筑业产值利润率为2.92%，跌破3%，为近十年最低。如图2-1所示。

在生产要素及环境上，建筑业"用工荒""老龄化"现象加剧，原材料价格上涨，环境保护要求越来越高。据中国建筑业协会统计，截至2021年年末，建筑业从业人数为5282.94万人，与2021年年末的从业人数相比减少了83.98万人。至此，建筑业从业人数已经连续三年减少。在从业人口持续萎缩的同时，建筑工人的年龄结构也趋于"老龄化"。未来很长一段时间内，建筑业从业人口预计会持续下降，整个行业可能会面临持续的、全局性的劳动力供给短缺。如图2-2所示。

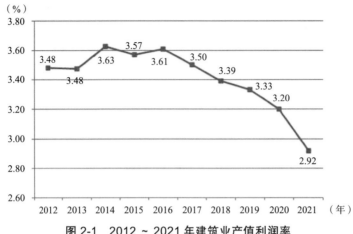

图 2-1　2012～2021 年建筑业产值利润率

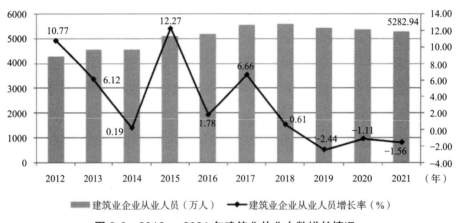

图 2-2　2012～2021 年建筑业从业人数增长情况

在工程建设中，原材料费用占成本支出的一半以上，原材料价格的浮动对成本的影响显而易见。近年来，受国际地缘政治、国际大宗商品价格、国内疫情反复及市场需求等多重因素影响，建筑原材料价格水涨船高。作为工程建设的关键原材料，建筑材料价格的波动势必会对材料供采、合同履行及工程结算等方面产生重大影响，从而直接决定建筑业上下游供应链衔接是否顺畅。

在产品要求上，市场和用户越来越"挑剔"。随着物质生活和精神生活水平的提高，人们对居住条件提出了更高的要求，越来越追求建筑品质，这种品质既包括建筑物本身的质量，也包括建筑物是否融入最新的环保性和智能化理念，以及由建筑物整体带来工作生活的舒适性。工程项目建设已朝着大型化、复杂化、多样化方向发展，综合大体量建筑不断涌现，建筑产品越来越复杂，新型设备不断涌现，智能化水平要求越来越高。

在客户要求方面，因为工程项目逐渐向大型化、复杂化发展，建筑产品越来越复杂，供应链条越来越长，业主对建造的要求越来越高。EPC、设计施工一体化等新型建造模式越来越受追捧，主管部门也在大力推行上述模式。2020年8月，住房和城乡建设部等9部门联合印发了《关于加快新型建筑工业化发展的若干意见》，指出要大力推行工程总承包，新型建筑工业化项目积极推行工程总承包模式，促进设计、生产、施工深度融合。EPC模式能有效克服设计、采购、施工相互制约和相互脱节的矛盾，有利于设计、采购、施工各阶段工作的衔接，可以有效地实现建设项目的进度、成本和质量控制。EPC模式由于在设计阶段就能充分考虑采购、生产和施工要求，因此可以最大限度地发挥工程总承包商的积极性，达到降成本、缩工期、保质量的目标。

在这种内外因素交织的不利形势下，建筑业须瞄准当前市场发展趋势，主动求变，积极应对。

2.2.3 建筑业企业数字化转型发展需求分析

据中国建筑业协会统计数据显示，截至2021年年底，全国共有建筑业企业128746个，比2020年增加12030个，增速为10.31%。国有及国有控股建筑业企业7826个，比2020年增加636个，占建筑业企业总数的6.08%。与此同时，建筑业企业利润总量增速继续放缓，行业产值利润率连续五年下降。2021年，全国建筑业企业实现利润8554亿元，比上年增加106.26亿元，增速为1.26%，比2020年降低0.77个百分点，增速连续五年放缓。如图2-3、图2-4所示。

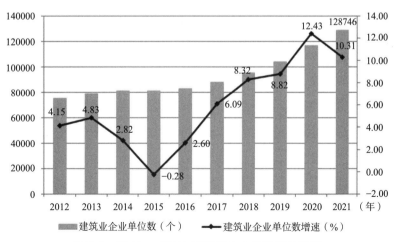

图2-3 2012～2021年建筑业企业数量及增速

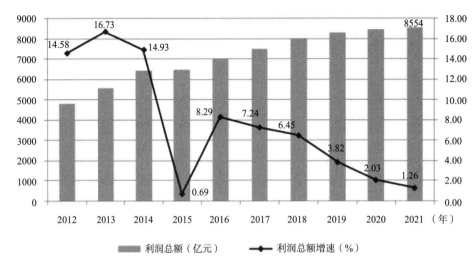

图 2-4　2012～2021 年全国建筑业企业利润总额及增速

由此可见，我国建筑业企业近年来总体发展态势趋缓，这既有市场环境的因素，也有企业自身的问题。综合来看，目前我国建筑业企业的问题主要集中在以下几个方面。

首先，在收入端，建筑业行业门槛低，同行竞争激烈，"价格战"使企业利润低下。房地产项目及基础建设的快速发展，推动建筑业进入了发展快车道，同时建筑业本身入行门槛较低，无论是否有建筑从业经验，都可以轻易地进入建筑领域。在这种趋势下，建筑业的施工主体数量越来越多，导致业主方逐渐占据市场主导地位，一个工程有几十家、上百家企业投标竞标，众多施工主体抢食工程项目，竞争十分激烈，且呈现过度竞争状态，而局部市场又表现出竞争不足。在工程数量大、竞争最为激烈的普通房屋工程领域，最直观的竞争手段主要是价格战，还伴有为项目业主方垫付部分工程款项的融资条件竞争。

其次，在支出端，用工和原材料成本的上升使企业运营成本攀升，进而更进一步摊薄了本就不丰厚的利润。建筑业企业的工程项目总成本中，用工成本占了 30% 左右。社会整体工资水平的提升带动了用工成本的增加，社保入税政策的推行也增加了人工成本压力。随着建筑工人老龄化严重，年轻劳动者进入行业的人数少，用工市场供不应求导致劳动成本不断增加。此外，近年来原材料价格的持续上扬，上下游供应链的高要求让建筑企业的成本居高不下，尤其对于中小型建筑企业来说无力承担。成本上去了，利润自然就降低了。2021年，建筑业产值利润率为 2.92%，跌破 3%，为近十年最低。

再次，建筑企业经营管理模式粗放、僵硬。由于长期受计划经济的影响，不少大型企业和大多数的中小企业，未能按照国际惯例建立相应的管理制度。所有权制度、分配制度、人事制度及运作程序等基本制度方面不能适应日趋激烈的市场竞争环境。总公司和分公司之间、公司和项目之间、公司不同部门之间沟通协调成本高，有很多关系未理顺，企业日常运转缺乏活力，难以适应市场经济的发展要求。

身处数字经济时代，利用各种先进的数字化技术解决企业经营管理过程中的问题已成为企业及项目管理的核心内容。不同的岗位和不同类型的项目，都可以通过数字化进行赋能。对建筑业企业来说，数字化赋能不仅体现在具体的企业及项目管理过程中，在产业链和供应链的打通上，数字化依然具有独到的优势，甚至可以对原有的产业生态进行颠覆性重塑。

第 3 章
建筑业企业数字化转型的重点工作

企业进行数字化工作的最终目的是业务的转型成功,不同企业的发展阶段不同,业务选择和工作重点也各有差异。从调研情况来看,建筑业企业的数字化重点工作大致可以总结为业务数字化、数据治理、平台规划三类。这三类工作在一定程度上也可以反映出企业数字化由低到高的成熟度,只是不同企业所处的阶段不同,当前的主要矛盾不同,聚焦的工作重点也有所差异,如图3-1所示。这三类工作并非独立,平台规划同时要解决业务数字化和数据治理类工作,数据治理同时伴随着解决业务数字化的问题,业务数字化同时也有数据治理的需求,以下针对这三类工作分别进行阐述。

图3-1 业务数字化、数据治理、平台规划工作的关系

3.1 业务数字化

业务数字化简单来说就是将传统的管理借助数字化技术由线下转为线上的过程,2007年施工企业特级资质标准对信息化的要求是其典型触点。随着互联网技术的发展,OA、人力、财务、项目管理等系统开始将原有的线下管理部分或全部转至线上,时至今日还有相当一部分企业处于这个阶段,虽然时点和动机不同,但暴露出的问题很相似。从结果来看,这些管理系统的上线在一定程度上规范了企业的管理行为,与此同时,这些系统的应用过程也是与企业

原有粗放、经验管理模式进行博弈的过程。而管理标准化是数字化的基础，所以在这期间既存在管理升级引起的问题，又存在管理标准和数字化系统融合过程中出现的问题，这两类问题都需要面对和解决。调研发现，业务数字化主要集中为两类，一类是从粗放、无序管理向规范化管理升级过程中的一些工作内容；一类是已基本达到标准化管理的业务线，借助数字化从线下向线上转化实现标准落地过程中的一些工作内容。不同企业的管理标准化程度有一定差别，这也导致不同企业业务数字化工作的内容有所差别，一些企业还处于管理标准化的初期，这类企业一部分是企业管理还未形成可执行的标准，公司没有管理标准或是管理标准不符合公司实际情况；还有一部分企业形成了自身的管理标准化体系，但标准执行存在种种问题，导致标准化无法很好地落地。而业务数字化工作可以促进管理标准化的形成、完善、落地，所以此类企业在数字化转型过程中的工作重心大部分围绕业务数字化进行。在企业深度走访过程中我们发现，年产值规模在 50 亿元左右以及 50 亿元以下的建筑业企业，现阶段数字化建设重点工作聚焦于业务数字化。从整个建筑业企业来看，此类型企业占比约在 70%，主要针对确定的业务模式和形态不做较大调整，利用数字化技术解决某个具体业务线管理问题，从而起到管理提升目的的企业。

3.1.1 业务数字化工作的主要目的

在走访调研中我们发现，企业进行业务数字化工作的主要目的有两个方面，一是解决当下公司或项目部的管理问题点；二是全面提升企业整体的管理水平。

从解决当下公司或项目部的管理问题点来看，可以分为公司管理痛点和项目部管理痛点。公司管理痛点方面，公司管理层对于项目的过程管理缺乏量化的标准和统一的评价。例如多年来公司已经完成大量工程项目，有些项目盈利很好，业主方满意度也很高，而有些项目由预测盈利到最后成为亏损项目，同时业主方的满意程度还很低，而且再次承接此类项目时，仍然没有相对理想的方案。大量的历史数据大多积累成为各部门、各项目人员的个人经验，由于缺少数字化的分析工具，并未对后续项目的履约提供客观全面的借鉴。此外，信息孤岛现象严重，公司各职能部门之间信息不通，严重影响公司的决策效率，甚至造成决策失误。例如成本部拿到的项目收支数据和财务系统数据存在偏差现象，各部门了解到的项目进度状况也有所出入。随着项目数量和体量的增加、项目节奏的加快，点对点的管理已经显得应接不暇，项目风险不能及时识别，信息滞后使得很多项目快到收尾时才发现亏损情况，给公司造成很大损失。项目部管理痛点方面，管理队伍年轻，组织不稳定，新人亟须快速成长，形成合理的人才梯队和结构，很多建筑业企业有"师傅带徒弟"的培养传统，但随着市场的高速增长，有限的"师傅"已经不够分配。与此同时，随着整体经济的发展，建筑业企业出现用工荒情况，劳务成本逐渐增高。劳务人员信息不明，不符合上岗条件的工人进入现场后，安全、质量、效率等都存在较大隐患，甚至还存在恶意讨薪的风险，需要花费很大的精力预防和处理这些纠纷。此外，近年来施工安全问题越来越被重视，工人安全意识与能力素质是给安全管理带来很大难度的重要因素，传统的安全员检查已经无法保证，这大大增加了施工安全成本投入。在质量管理方面，由于工程量和工程复杂程度越来越高，稍有疏忽便会留下隐患，项目经理质量终身责任制的全面落实也将质量管理推到风口浪尖，成为亟待解决的问题。这些共同组成业务没有数字化所带来的管理痛点。

从全面提升企业整体的管理水平来看，一是通过管理过程数字化，实现管理透明。从具体岗位的工作成果输出，到具体管理者的管理动作记录，再到不同组织、岗位间协作流程的流转进度都可以进行记录，实现信息共享和管理过程实时跟踪。二是自动汇总过程管理数据，为各级管理提供决策支持。利用数字化技术，自动汇总生产过程信息，按一定业务规则提供给各类管理者，为各级管理者提供决策依据。三是通过对过程记录进行分析，为各层级管理效果评价提供数据支持。利用数字技术对管理效果进行实时跟踪评价，结合企业积累的历史项目经济指标，还可以进一步反映当前管理水平和企业标准的差距，激励管理者挖掘改进空间。利用大数据技术完全可以实现历史数据的结构化处理，即可进行同类数据的比对。四是通过最终管理结果数据进行汇总分析，对三级管理能力评价提供数据支持。管理是一种综合系统的工程，大量的管理工作很难在过程中量化或评价，利用数字化技术将过程数据收集并分析，可以更加客观地评价个人、组织的管理能力，并为后续项目提供参考，用精益的思想对过程数据进行分析，可以对整个管理过程评价提供参考，丰富和优化企业数据资源，让其发挥更大价值。

3.1.2 业务数字化工作的主要内容

针对业务数字化工作的主要内容，核心包含三部分，即企业自身管理体系的梳理、企业业务流程的数字化转化、从流程到内容实现业务数字化。

一是企业自身管理体系的梳理。管理标准化是数字化的基础，既然数字化系统是为管理服务的，如果原有的管理体系标准过高或有矛盾，照搬原有体系而构建的系统也会存在问题。传统信息化建设时，公司会提供一套企业自身的管理体系文件给信息化服务商，而企业管理体系中普遍存在各条业务线的管理体系有多处信息需要项目部重复填报，还不包括跨业务线、跨部门同类信息的填报，这样的管理体系执行起来存在大量的重复填报工作，信息化系统设计时如果简单地从线下搬到线上，必然造成业务无法落地，以及相应信息化建设内容浪费开发的结果。此外，还有一部分管理体系要求远超出企业短期内能够达到的标准，这都存在企业管理体系无法落地的风险，最后造成信息化系统无法落地的情况出现，例如有些企业拿出的管理体系就是另外一家管理水平相对较高企业沿用下来的，希望对标，但步伐太快。由此看来，企业梳理适应于自身情况的管理体系非常必要，这项工作需要对企业现阶段和后续管理提升的目标有非常深入的了解，梳理完成后，要结合企业自身特点进行优化和调整，最后根据企业的接受程度和提升目标形成分阶段落实的体系方案，而这些正是避免出现标准和执行"两层皮"的基础工作。

二是企业业务流程的数字化转化。企业现行的管理体系运行本身是结合管理者主观判断的，而数字化系统是靠具体的数据进行判断和分析的，即使经过大量的数据积累结合 AI 识别能完成，也要遵循管理者制定的规则才能判断。况且完全依靠人为主观判断，对决策者的要求很高，而且任何一个决策者也是受经验限制的，例如在评价某个工程项目现阶段履约情况是否正常，是否存在潜在风险的判断时，需要决策者具有丰富的经验，即使这样，不同的决策者对同一个项目可能会有不同的判断。同时，数字化转化还要解决信息源的问题，即使补充了量化标准，如果需要项目部填报完成这些信息依然存在落地效果不佳的风险，所以在转化过程中还要最大限度地考虑减少填报，减轻项目负担，才更有助于实现基于数据的"项企融合"。现有的数字化技术可以采集现场施工过程中的大部分信息，远超出企业管理层所需的信息，这就需要将现场数据进行"结构化"转换，同时在结构化处理过程中可能会再次识别出管理体系或管理能力存在的问题，例如哪些信息项目部出于自己管理需求已经留存，没有的信息能否采用替代的方式间接提供，并通过数字化技术手段替代填报。

三是从流程到内容实现业务数字化。企业根据管理提升的阶段目标，结合技术实现的周期形成企业长短期数字化规划方案，分阶段完成数字化建设，经过业务流程的数字化转化之后，企业可以逐步实现从流程到内容的业务数字化。例如对于项目进度信息以 BI 的形式呈现，辅助不同组织的决策，这一方案有两大突出优点：第一，动态反映项目的实时进展，并可扩展了解更加丰富的现场信息；第二，由原来的定性分析转变为可定量分析并按风险排序，便于不同决策层的管理干预。根据各项目的延误程度对公司所有项目自动分级汇总，按照延误时间自动排序，便于公司识别风险最高的项目进行管理干预或现场支持，同时可以深入了解详细的项目过程信息，对延误影响进行分析，这些数据尽可能通过对项目作业面跟踪到的数据结构化转化完成，最大限度地减少项目填报，同时数字化技术升级后将现场作业过程以更加直观的形式呈现到各级管理者面前。

3.1.3　业务数字化工作的注意事项

业务数字化工作的推进需要综合考虑，并根据企业自身的业务特点和现阶段的核心需求进行选择。此阶段的关键：一是业务线对业务数字化提升管理的需求要相对具体；二是企业的管理标准内容要与业务数字化应用相互关联；三是业务数字化工作应该以具体业务线领导为主导，数字化相关负责部门配合。

业务线对业务数字化提升管理的需求要相对具体，原因是业务数字化工作的核心目的是通过数字化应用与管理深度融合，解决业务线的管理问题，提升业务线的管理能力，例如疫情防控期间，对于项目部劳务人员的实名制管理和活动区域管理，以及对项目进出人员的管理都是项目管理的痛点，如果此项工作做不好，项目上发生疫情传播，将在很大程度上影响项目进度，甚至承担法律风险。所以公司对所有项目的人员管理需求更加迫切并且具体明确，通过人脸识别、人员定位等数字化手段，可以更好地解决公司对项目人员的管理问题。所以业务数字化的需求主要来源于业务，并且一定是具体明确的。

企业的管理标准内容要与业务数字化应用相互关联，原因是：一方面企业要达成共识的管理、评价标准，另一方面要依靠数字化技术将这些标准和管理者的管理行为数字化并建立关联关系，才能实现过程风险识别和控制。例如安全隐患的排查，公司的管理体系里应该有针对不同风险源在某个阶段相关岗位必须履行的管理动作，如挑架在搭设的过程中和使用前分别由安全员到场检查，且明确检查项，可以一定程度上降低安全事故发生的概率，而数字化技术可以进一步减轻管理者的工作量且更精准地识别风险，如在挑架上安装感应器跟踪使用过程中的荷载。如果管理要求中没有这些具体的要求，数字化就缺少抓手。再进一步延伸，如果所有的风险源都可以利用数字化技术跟踪，相关岗位的此类工作就可以被逐步取代，甚至某些岗位会消失，新的岗位会出现，如硬件运营工程师,负责各类感应设备的安装和过程数据的跟踪分析。

业务数字化工作应该以具体业务线领导为主进行业务选择和目的目标的决策,数字化相关负责部门以赋能支持的角色为主,原因是业务数字化建设内容来源于业务线,此阶段工作成果的价值以及对工作效果的评价也应该是各业务线决定的,而数字化相关部门更多的是提供技术和方法方面的赋能,协助各业务线实现数字化,从而提升各业务的管理能力,所以业务数字化的工作一定要由各业务线主导和决策,数字化相关部门进行协助赋能。当然,在这个过程中,数字化部门也不能仅考虑在技术和方法上为业务线提供支持,还应统筹考虑业务数字化工作对企业整体数字化建设的影响,提前做好布局,期间会涉及数据治理和平台规划的部分工作,为企业分阶段、分步骤、分节奏实施数字化建设与转型做好各阶段的基础工作。

3.2 数据治理

数字化转型升级与传统信息化的主要区别就是由业务流程驱动逐渐向数据驱动的升级,让数据成为新的生产力,对业务流程进行优化甚至再造。正如在滴滴打车中,通过乘客的"叫车请求"数据驱动司机接单、运行、结算等业务自动进行,极限降低乘客等待、司机空驶的同时,甚至还取消了"派单"这个在传统电话叫车模式中非常关键的岗位,而要实现这一全数字化场景,对数据是有严格要求的,数据对数字化转型的作用也就不言而喻了。数据治理简单来说就是让数据成为生产力的一系列工作,企业在进行业务数字化工作过程中,会逐渐积累大量的数据;同时,由于缺乏部分数据的支撑,一些业务场景无法实现数字化闭环,业务数字化的进程受到影响;随着业务数字化在广度和深度上的不断提升,对数据治理的需求也愈发迫切。在企业深度走访过程中我们发现,年产值规模在100亿元以上,且业务数字化程度较高的建筑业企业,现阶段数字化建设重点聚焦于数据治理工作的占比较高。从整个建筑业企业来看,此类型企业约占20%,特点是具有一定的业务数字化基础,各数字化系统间存在一定的业务重合度,当然此类企业也在持续推进业务数字化的相关工作。

3.2.1 数据治理工作的主要目的

数据治理首先是对企业现有数据按照一定的标准进行处理,以便将积累的数据发挥更大价值;其次是将数据资产利用于更丰富的业务场景,从而激发数据资产的更大价值，使数据资产成为企业的生产力进而赋能业务。

其实数据在数字化系统应用之前就已经存在，企业在线下执行业务时，所使用的表、证、单、书等纸质材料中的内容都是数据；另外，随着信息化系统的应用，也会逐渐积累一些数据，这些庞大数据的储存与管理也成为难点。同时，由于事先没有对相应的数据提出质量要求，杂乱的数据没有标准，其使用成本很高，甚至无法被利用，成为企业"食之无味，弃之可惜"的沉重负担。随着时间的推移，这个负担也会越来越重，这导致企业进行数据治理工作迫在眉睫。

数据治理的核心价值是赋能业务对数据的综合性需求。一方面，通过数据治理，数据从加工生产到使用的整个时间周期将大大缩短，能够更好地拉通整合企业投标、策划、采购、生产、交付等一系列数据，结合二方及三方数据，以全局视角，形成强大的数据资产，实现各业务线综合能力的提升。同时有目的地针对场景设计出赋能场景的数据应用，帮助其从技术、生产、商务等多个业务条线提升综合管理水平，缩短建设周期，提升建造品质，实现增强业主方对企业产品及服务的良好体验，提高用户对于企业品牌的忠诚度，降低企业运营过程中的损耗，压缩供应链端的周期等。

另一方面，随着数字化转型的推进，数据将成为全企业的重要资产。数据的产生来源很多，包括各应用系统的业务处理模块、外部合作伙伴、第三方采购数据等。随着时间的流逝，对于不再具备使用价值的数据，可以考虑归档处理，而数据的销毁需要参考国家对于信息在线保存、档案管理等法律法规的要求进行管理和处置。

3.2.2 数据治理工作的主要内容

在进行数据治理工作过程中，主要内容大致可以分为三类：首先是让已有数据成为有用数据。企业要明确哪些数据可以成为资产，并有针对性地获取、留存、清洗、储存、复用这些数据。对于很多建筑业企业而言，对数据资产在组织业务运营中的价值缺乏清晰的理解与定位，导致最终"为了盘点而盘点"的状态，花费大量精力梳理的数据资产无法对业务实现有效支撑。这就需要企业制定实际业务需要的数据资产划分标准，进一步筛选出企业自身的数据资产。首先，数据是业务活动在数字世界的映射，其本质作用是记录业务对象及其活动过程。整体上可划分为两大类：基础业务数据、洞察分析数据。其次，从数据价值衡量的维度来看，可从以下几个方面进行分析：业务权重、决策权重、使用频度、分布范围、技术承载与可控性。企业在识别出自身数据资产的基础上，进一步构建数据资产目录，能够更好地理解、使用、分析数据。企业通过发现、描述和组织数据资产，形成一套企业数据资产的清单目录，为数据分析师、数据架构师、数据管理员和各业务线的数据使用者，根据业务价值目标更好地查找和理解相关的数据资产。对于数据目录的管理模式、评价模式、认责机制等，都需要业务部门的业务专家、数据专家深度参与其中，持续养护数据、完善数据定义、提升数据质量、分享数据成果。

其次是建立数据关联关系，提高数据价值。数据的流转场景很多，有应用系统之间的实时数据流转，也有用于分析决策的非实时批量数据流等。而在决策分析过程中，往往需要将多个业务领域的数据同时分析，企业在业务数字化过程中积累的数据不能完全满足业务数据综合分析的需求，这就涉及数据整合，整合后的数据可应用于商务管理、计划管理、技术管理、质量管理、财务管理等不同的业务领域，辅助管理及决策分析等数据应用。这些应用已从原来的统计分析转变为预测分析并提供标签、推荐等算法，从被动分析转变为主动分析，从非实时分析转变为实时分析，并且从结构化数据转变为结构化、半结构化和非结构化的多元化数据。而业务数字化阶段，企业各业务线对于数字化产品的应用点状化情况普遍，整体性偏低，数据在各业务系统间不能有效流动，数据不聚合不交互，存在数据孤岛现象等，这都影响企业数据价值的充分发挥。企业业务需求与数据进行关联方面，企业要构建以"人、机、料、法、环"为主的全要素数据资源体系，利用物联网技术支撑下的智慧工地建设，实现对相关数据的采集、传输、处理，形成全要素的数据资源体系。通过对项目现场关键要素的数据自动采集，提升岗位层高效化作业能力；通过生产活动的数字化和工程现场的实时互联互通，提升项目管理能力，实现项目层精细化管控；通过管理活动的数字化加强各职能交圈，沉淀管理经验，实现企业层集约化经营和数据化决策。同时，要兼顾各业务条线的核心需求，将全新管理理念和数字化技术广泛运用到企业的商务线、技术线、生产线。企业要在数字化平台的支撑下，建设一体化的数字业务体系，可以通过一体化的数字化平台，让企业数字化发展随需应变，赋能企业高效开展生产经营与管理。通过构建项目现场管理体系、项目集约化管理体系、业务财务管理体系，实现工程生产线、技术线、商务线的高效协同。在业务开展过程中，随着数据的逐步积累，可基于数据开展业务洞察，优化业务决策。同时这些数据是实时处理和共享的，公司能够随时连接到项目源头数据，将数据应用到决策场景，避免风险预判滞后，做出更优的决策。建立有效的指标体系也是数据驱动决策的重要环节，基于优秀的业务经验沉淀，通过集成算法模型和指标判断体系，促进实时检视企业风险，形成风险发现、分析、处理、解决的闭环。

最后是识别缺失数据，并构建收集获取方式。工程项目具有复杂性强的特点，业务场景对数据的需求也更加综合，企业将数据作为生产力赋能于业务时，所需要的数据可能来自于不同业务线、不同组织，有些业务由于业务数字化尚处于初期或还未启动，这就要求企业在进行数据治理时，要识别出现阶段所缺失的数据，同时通过业务设计以最合理的方式分步构建数据的收集方式。当然，在此过程中，也要兼顾好企业各业务间数字化建设的节奏和成效，进行系统性考虑并有序实施。在数字化系统建设上，企业自主完成全部系统建设越来越不可行。以生态方式构建数字化系统，吸引更多类型的企业优势互补、协同联动是建筑业企业进行数据治理的最优选择。数字化服务商通过专业能力、技术能力与服务能力等补足企业数字化核心能力，其中专业能力提供从顶层设计、规划制定到落地实施以及评估检验等综合咨询服务，为企业提供系统性解决方案；技术能力为企业构建自主产权的技术平台；服务能力则侧重提供数字化转型培训、人才队伍建设、管理制度、数据增值等一揽子定制化服务。企业基于数据治理所需的能力分层和角色分工，与数字化服务商建立合作关系，保持合作发展。在数字化平台的支撑下，从横向与纵向两个方面，实现数字化升级与价值链的生态整合。横向上，企业可以基于数字平台服务商提供的平台，建立数字化标准进行二次开发，提供符合企业特点、按需定制的个性化数字化平台，完成在单业务环节的数字化整合。纵向上，通过数字化平台的强大整合能力，将各个业务系统打通，实现各业务间的一体化融合。通过纵横的双向打通，企业可以实现数字化升级与价值链整合，产生贯穿后带来的高效联动效应，保证数据治理成效。

3.2.3 数据治理工作的注意事项

在调研过程中，相当一部分企业误认为数据治理属于技术问题，应该是厂商或公司信息化部解决的问题。深度分析后我们发现，数据治理过程实际是业务和数字化融合的过程，所以不是单纯的技术问题或是业务问题，而是一个系统性工作，基于调研情况，总结了数据治理工作的一些注意事项。

一是数据治理工作要兼顾针对性和全面性，既要考虑清楚业务对于各类型数据的综合需求，也要考虑数据架构是否能够有效支撑企业持续发展。此阶段要综合考虑企业战略方向，并结合现阶段情况，分阶段、分节奏、分步骤持续推进。同样数据治理也是为企业的系统性数字化建设提供支撑，企业系统性数字化建设包含数据、连接、算法，数据治理工作要根据企业的业务发展需求，结合当下的业务情况，收集并积累有效的业务数据，通过综合考虑现阶段及中长期业务间的融合需求重新进行业务梳理，并形成数据与数据间的连接，通过制定适合本阶段情况的业务算法模型，基于真实数据阶段性总结迭代算法，系统性赋能业务发展。

二是数据治理工作应该以数字化相关部门负责人为主，与相关业务线领导共同进行架构的规划和目的、目标的制定。基于数据治理的系统性特点，且此项工作对数字化技术和数字化思维的专业度要求非常高，需要数字化牵头部门与相关业务线领导共同牵头，结合企业整体业务发展规划及各阶段发展目标，针对企业各业务条线的业务特征及对数字化应用的需求，综合考虑数据治理的方向与路径，并制定各阶段工作目标和达成目标的方案，过程中持续检视总结，持续推进。当然数据治理工作的推进过程中，也不能单纯只考虑数据资产积累、业务间数据连接和业务算法模型制定与迭代，各业务条线的发展是动态变化的，业务需求和技术发展也在不断变化，要兼顾本阶段业务数字化的工作，才能使数据治理的成果更显著有效。

三是数据治理工作的时机选择很关键，要尽可能前置并全面建立相关数据标准和规则要求，同时根据需求分阶段完成数据治理工作，数据持续产生过程要同时进行数据的治理。例如，在信息化程度不高、数据量不大、数据类型不多的情况下，制定合理的数据治理流程和制度，形成数据质量的闭环管理，就可以起到很好的效果。按照"谁生产谁负责"的原则形成数据质量问责的闭环，数据产生方要负责处理和保障相应数据的质量，在数据使用过程中识别的问题要及时反馈给数据质量责任方进行整改，定期对数据质量进行新一轮评估。

3.3 平台规划

平台的合理规划是企业系统性进行数字化转型的关键，企业数字化转型是系统性工程，需要长周期、分阶段建设已达成普遍共识。在数字化转型过程中，企业不做好平台规划，后续调整所带来的时间和费用代价都会很大。平台规划要与企业的转型内容和节奏匹配，内容与业务转型不匹配或推进节奏过快都会使得企业数字化转型价值和适用性大打折扣。在企业深度走访过程中我们发现，年产值规模在500亿元以上，组织层级多，业务构成多样且有一定体量的建筑业企业，现阶段数字化建设重点聚焦于平台规划工作的占比较高。从整个建筑业企业来看，此类型企业占比不足10%，这类企业开展信息化、数字化工作基本达到10年以上，OA或项目管理等跨业务、跨组织数字化系统已使用一段时间，业务数字化系统也已基本涵盖所有核心业务条线的管理。此类企业特点是数字化工作复杂程度较高，数字化建设在企业各业务条线、各层级分子公司或项目部的影响面广，并且数字化整体投入相对很大。

3.3.1 平台规划的主要目的

在走访调研中我们发现，企业进行平台规划工作的主要目的有三个方面，一是解决各业务线的数据孤岛问题，实现业务所需数据的协同，充分发挥数据价值；二是在前期积累的基础上，企业需要整体提升公司管理要求，需要得到数字化同步升级；三是企业面临业务转型，需要数字化与转型后业务匹配。

解决各业务线的数据孤岛问题，实现业务所需数据的协同方面。企业数字化应用达到一定阶段，对于各业务数字化协同的需求日趋旺盛，此时数据孤岛矛盾愈发凸显。数据孤岛所带来的弊端主要有三个方面，一是数据重复，由于数据流通不畅，各部门在收集数据时难免会重复，这会造成数据重复、冗余、无效等情况，从而降低数据的质量和准确度；二是各业务间协作不良，数据孤岛会在很大程度上导致企业各个部门难以获取工作需要的数据，从而导致各部门间难以协作；三是效率低下，由于不同部门对数据的理解和定义不同，会造成沟通成本上升，各部门对数据的重复管理也会造成时间和金钱的浪费，不同部门对数据不准确、不及时的理解，往往也会导致企业决策错误或决策迟缓。造成此类问题的原因主要存在两个方面，一是企业不同业务条线的数字化建设时间不一样，甚至有些需求数据所属的业务还没有建设数字化系统，以至于没有考虑此项数据在业务间如何流通的问题；二是企业不同业务条线的数字化建设只考虑自身的管理需求，没有考虑自身业务条线形成的数据还需要给哪些业务在哪些阶段使用。例如企业在十年前建立了财务系统来满足财务管理的需求，建设前期没有考虑其他业务系统如何建设的问题，在执行项目物资对外付款时，就要线下索要或线上要求物资部门填报物资清单和单价，以便完成对供应商的付款。而物资管理自身的管理过程中没有对财务提交此项数据的要求，导致物资管理系统建设时不会考虑直接传递给满足财务部门要求的数据，在业务数字化流程中就产生了数据堵点，只能通过线下询问或线上重复填报来解决，这样做既导致效率低下又会带来填报信息是否真实准确的风险。此时就需要通过平台规划，横向将各业务间相互所需的数据，按照一定的规则进行连接，从而打通各业务系统间的数据孤岛。

企业需要整体提升公司管理要求，需要得到数字化同步升级方面。一些企业已经完成了大部分业务的单线条数字化，公司整体管理水平、数字化建设和人员意识上已经有了一定的储备。基于公司的发展要求，需要整体系统性地上升至一个新的台阶。例如之前都是根据业务的成熟度要求，分批完成财务管理、物资管理、项目管理（侧重履约）等单条业务线数字化，当下企业成本压力的与日俱增，公司需要从过去单纯对财务进行管理升级为"以成本为主线的综合项目管理"，基于综合成本对全过程、全要素进行业财一体化管理，通过更细致的管理实现综合成本的降低。处理这类问题不是简单地只升级某一个业务线的数字化系统能够解决的。在技术层面，需要借助平台规划将公共业务及数据统一处理，避免在各业务系统中单独处理的重复投入，以及数据标准不一致所导致的数据不互通；在管理层面，可能会涉及不同组织间管理分工的调整，要根据涉及内容的深度和广度需求进行，甚至可能会上升成为公司管理变革的内容。此时就需要根据管理模式的变化，进行合理详细的数字化平台规划，从而支撑企业综合管理能力的升级。

企业面临业务转型，需要数字化与转型后业务匹配方面。由于建筑业市场逐渐分化，企业持续发展过程中要考虑建立自身核心竞争力的问题，这就要求企业要做好业务转型的长期规划。企业在进行业务转型过程中，主要存在三个方面的难点，一是新拓展的业务领域做深所需要能力的建立，在调研中我们发现，一部分企业由于公司整合、市场资源变化等原因，涉及未来企业将向新业务拓展，例如过去主营房建业务，但因为合并重组导致未来路桥项目的比重将极大地增加，这就要求企业要快速建立新业务领域所需的能力。二是各业务领域在全新价值链上所需的全新能力的建立，由于市场需求的变化，一些企业的业务模式发生了改变，例如现阶段 EPC 模式的工程逐渐涌现并持续增加，一部分传统施工总承包企业开始构建工程总承包能力，以迎接新的市场机会，此时企业可能需要快速建立设计管理方面的能力。三是全新业务链条间的连接与融合能力的建立，还是以 EPC 工程承接能力提升为例，企业需要逐步建立可以拉通设计、采购、施工过程的全链条视角下的成本管理数据，这样才能够更好地支撑工程总承包项目以成本为核心的精细化管理，实现项目效益的最大化。想要更好地实现以上目标，现阶段企业要做好平台规划，要通过合理的平台规划兼顾好共性业务的多头填报和差异化管理的专业性。

3.3.2 平台规划的主要内容

针对平台规划工作的主要内容，核心包含两部分：一是根据企业未来业务构成及商业模式，明确需要数字化解决关键问题的建设清单；二是根据企业业务转型升级的阶段目标，明确平台建设的实施节奏。

根据企业未来业务构成及商业模式，明确需要数字化解决关键问题的建设清单方面。内容包括打破业务惯性，通过数字化对业务流程进行重塑再造的清单；突破传统"竖井式"的建造模式，通过数字化系统打通各业务线间的过程管理和结果管理数据的清单；打破管理层级间的边界，基于同一套数据源贯穿集团总部、分子公司、区域公司、项目部的多层级管理的清单。与此同时，企业平台规划的内容清单核心要围绕弥补拓展后的业务空白；拓展后各业务部分的全新需求；价值链上关键业务数据互通与开放平台建设等方面来进行。如此一来，一方面可以满足各业务模块的集成和升级，另一方面也可以为价值链上其他合作伙伴数据互通，以便横向拓宽价值链或纵向做长供应链。在调研中发现，很多企业在进行平台规划工作时，只考虑对技术问题的处理，导致数字化转型整体阶段进展缓慢，系统技术调整本身周期就相对长，不同系统可能来自不同的厂家，协同处理的时间、技术标准的统一、费用支出等方面很难在短期内达成共识并得以充分解决。此外，企业对于综合管理新的要求与公司既有的管理方式存在不一致的情况，涉及要求具体的岗位、组织分工进行调整时会面临阻碍。例如某企业初期集团总部、分公司或专业公司、区域公司等多级组织独立进行数字化建设，导致差异化较大，之前建设的数字化系统既有业务重合又无统一标准，大量的数据无法产生价值。

根据企业业务转型升级的阶段目标，明确平台建设的实施节奏方面。平台规划要根据各阶段业务发展的需求，确定不同时期的数字化转型目标，例如短期以实现管理数字化、业务数字化和服务数字化为目标；中远期瞄准数字化平台建设、产业链数字化和建立数字化生态。在明确平台规划节奏中要考虑两个方面：一是体系要健全，既要有大类，也要有细分，既包括业务，也涵盖技术。例如大类里有数字化转型管理体系建设、生产经营数字化升级、数字技术创新应用、激活数据要素潜能、重点领域数字化转型等；数字化转型管理体系建设又细分为完善转型组织机制、激发企业创新活力、提升全员数字素养等；完善转型组织机制又包含数字化转型相关顶层设计文件数量、数字化转型"一把手"参与程度、数字化人才数量等指标。二是各项指标要足够细化，做到量化。如果做不到这点,即使指标再多、再全面,也最终流于形式,落不到实处。例如数字化转型"一把手"参与程度这项指标,可以精确到集团级主要负责人主持的数字化转型工作专题会议、工作大会等的次数;数字化转型投入,可量化到数字化转型管理体系建设投入、生产经营数字化升级投入、数字关键核心技术研发投入、数字技术平台建设投入等方面,以具体的金额数作为考量;像全集团数字化培训覆盖率、设备设置数字化率等指标,则可以通过计算公式得出百分比来评估。此外,平台规划的节奏也要考虑阶段性价值评估,企业可以通过复盘来及时总结得失,检验原来的方案是否可行并加以优化。

3.3.3 平台规划的注意事项

企业在进行平台规划过程中,一是要基于公司中长期业务模式和管理模式的选择进行;二是要由企业发展战略规划和制定者主导此项工作。

基于公司中长期业务模式和管理模式的选择进行平台规划方面。企业要根据中长期业务模式和管理模式,结合企业希望打造的核心竞争力,对现有数字化系统能否支撑以上需求的情况进行差距分析,再根据具体差距及不同阶段要解决的问题,制定出分阶段、分节奏、可实现的规划目标和框架内容。如果兼顾企业业务模式转型和管理模式升级过程中的权重调整变化,数字化规划就对未来收缩业务和拓展业务,以及发展过程中管理重心的建设重点和节奏又有了新的要求。

由企业发展战略规划和制定者主导平台规划工作方面。企业在推进平台规划工作时,企业发展战略规划和制定者应身先士卒主导此项工作,这样才能更好地做到平台规划和公司的发展战略紧密相关。当然,战略规划清晰程度也会直接影响平台规划,所谓战略规划清晰不是事无巨细,但至少要明确业务和管理的变化及差距、阶段性目标的制定、实现路径的规划等,据此来进行平台规划的内容和节奏。同时,伴随企业业务的调整和管理的升级,相应的组织、流程等必然会进行匹配调整,可以想象这些调整对企业的影响和风险。如果规划不合理,将会在资金投入和时间精力方面造成很大的风险,这也是很多企业"不敢转"的主要原因。所以,企业在进行平台规划时,要由"一把手"牵头决策并推进平台规划工作。

第 4 章
建筑业企业数字化转型方式探索

在调研中发现，大部分企业认为在进行数字化转型过程中，对于数字化转型的认知以及自上而下达成的共识尤为关键，企业应根据现阶段发展目标，结合当下管理难点，识别数字化机会，制定数字化系统升级方案。与此同时，要重点关注通过合理有效的数字化评价标准体系，针对业务管理过程和管理结果进行动态、客观的评价，并根据数据量的积累持续优化迭代原有的业务流程、组织分工、协作方式、考核机制。本章节将从企业数字化转型的认知共识、顶层规划、组织建设、机制流程等方面，对企业数字化转型的方式进行探索。

4.1 企业数字化转型的认知共识

数字化转型是一个长期、系统和复杂的工程，这决定了它无法一蹴而就，而是需要循序渐进分阶段进行。建筑业企业要想实现数字化转型，最重要的是要在企业内部从上到下统一思想，在对数字化转型的认知上达成共识。这种共识主要体现在以下三个方面。

第一，企业内部上至领导层，下到普通员工，需要对数字化转型的本质和价值有着清晰的理解和共识。一言以蔽之，数字化转型的本质是通过云计算、大数据、人工智能、物联网等数字化技术优化企业资源配置效率，提高企业的核心竞争力。数字化转型旨在以数据融合为纽带，以技术融合为手段，以业务融合为支撑，提升企业的生存能力、业务创新能力，从而适应新的环境要求，实现业务变革和效率提升。数字化转型的基础是数据，数据是数字化时代最重要的生产要素，数据的质量直接决定了数字化的水平以及所能达到的深度和广度。数据治理，国家层面一直在强调数据的重要性，把数据提升至企业核心资产的地位，也是因为高质量的数据所带来的高价值。企业要想更有效地使用数据，就需要从过去被动使用数据，转变为主动治理数据。而随着数据爆炸时代的来临，企业数据的复杂程度也随之升高，如何从纷繁庞杂的数据中筛选出准确有效的信息，是企业不得不思考的问题，这也是企业数字化转型得以持续往前推进的基础。当然，数字化转型是技术与业务的全面融合，任何一个行业的数字化转型都离不开业务，只有将新技术与具体的业务需求结合起来，数字化才能发挥其最大作用。

第二，企业要共识进行数字化转型的原因。作为市场经济中的竞争主体，企业要生存、谋发展、图壮大，别无他法，只有不断提升自身的核心竞争力，数字化技术正是提升企业核心竞争力最有效的手段之一。这种共识应该植入企业全体员工的信念里，并在企业日常的生产和管理实践过程中，将数字化落地于实处。核心竞争力又称为核心能力、特有竞争力，是企业或个人相较于竞争对手而言所具备的竞争优势与核心能力差异。核心竞争力是在企业长期发展过程中形成的，蕴涵于企业文化中，是支撑企业过去、现在和未来的竞争优势，并使企业在竞争环境中能够长时间取得主动的核心能力。数字化技术可大幅度提高企业的技术水平和科技含量。劳动密集、科技含量低是传统建筑业企业的典型特点之一。数字化技术还能较大地提高企业的管理水平和效率，降低企业运营成本。在流程上，数字化可以帮助企业规范操作流程，标准化工作，减少大量重复劳动，降低"因人而异"的风险。在组织上，建筑企业内部存在很多需要跨部门、跨单位、多场景协作的工作，通过数字化管理平台，可以使各层级、各项目的数据清晰透明，公司各层管理者都可以高效掌握现场一线数据，使管理决策工作更有依据。在劳务及人效上，通过数字化技术手段对用工全过程进行智能化管理，利用企业数据大屏实时查看工资发放情况、在岗人数、考核结果等各项数据，人员在岗状态一目了然，并能对现场作业人员实时干预，有效提升员工工作效率。

第三，企业上下需要明确一点共识，数字化转型需要长期坚持下去。数字化转型不仅需要时间上的长期坚持，还需要投入上的长期坚持。数字化转型是企业发展理念、组织方式、业务模式和经营方式等全方位的变革，需要统筹规划、顶层设计、系统推进，绝非朝夕之功。传统企业在数字化转型上往往存在两个误区，一是认为只要投入资金，完成一些富有高技术含量的基础设施建设就是实现了数字化转型；二是认为只要把线下业务做到线上化就是数字化，因此在做规划时好高骛远、急于求成，结果"两张皮"现象时有发生，甚至使得数字化建设部门和传统业务部门水火不容，导致基层抱怨、中层灰心、高层失望，最后数字化转型规划"胎死腹中"。客观上，对任何一家企业来说，数字化转型都是一项投资巨大的持久战，从软硬件建设、系统维护、人力培训到业务试错，都需要持续投入。中小企业受限于资金储备不够雄厚，急于创收，畸形发展，往往半途而废。主观上，软硬件革新和技术手段只是基础，数字化转型更看重经营理念、组织架构和管理模式的全方位变革。一些中小企业对数字化转型缺少系统性思考的视野、持之以恒的决心和强有力的制度设计，导致转型缓慢、收效甚微。因此，对于数字化转型，企业要在充分了解自身现有资源和条件的基础上，认真分析与战略定位之间的差距，在规划时要从顶层设计出发，系统性考虑，分阶段、分步骤、分节奏地制定实施计划，根据自身实际情况，可持续、积极稳妥地有序推进。

4.2　企业数字化转型的顶层规划

"不谋全局者，不足谋一隅"，片面和局部的数字化，往往无法解决企业转型的实际问题，也很难支撑企业的未来长远发展。因此，企业根据自身特点，建立一套具有全局视野的顶层规划尤为重要。可以按时间跨度，设立短期、中期、远期目标，为数字化转型指引方向。

数字化转型是一个不停迭代、持续进化的长期过程。因此，企业应立足于当前的市场和政策环境，对自身状况进行缜密分析，清楚自己业务的优劣势，着眼于未来企业发展趋势来确认数字化转型各个阶段目标。例如对一个施工企业来说，三年的短期目标可定为在项目作业层实现数字化；五年内，在企业层面实现一定程度上的业务流程数字化和能力平台化，范围覆盖设计、生产、建造等环节；十年内，在产业层面实现数字化技术与企业传统业务达成深度融合，并能充分发挥对生产要素的优化和集成作用进而实现产业互联。

一些企业在谋划数字化转型时，往往把精力全部放在数字化技术和系统的选择上，把数字化转型看成单纯的技术应用问题。而实际上，数字化转型本身并不是企业的最终目的，它是基于业务基础上整套数字化的解决方案，为了支撑企业的业务发展需要。在推进数字化和传统业务深度融合的过程中，有三个关键点需要注意。一是解决数据孤岛问题。从一些企业数字化转型实践来看，他们的信息系统的模块就像搭积木一样，分块地构建、实施和运用。当企业数字化发展到一定阶段，就会发现不同业务的系统模块之间是割裂的，这在很大程度上制约了企业数字化效率的提升。因此，数字化转型的一个关键点在于，企业如何打破这样的"数据孤岛"，对模块和资源进行有效整合，实现数据共享，提高协同效率。二是克服流程障碍。在推进数字化转型的过程中，只有对组织流程进行系统化的梳理和优化，才能把组织建立在流程化的基础上，部门间的数据和信息才能实现高效流转。而流程的梳理需要企业高层的强力支持，企业高层可以组建一支跨越组织和部门边界的数字化骨干团队，将业务、管理和数字技术进行完美融合。三是加强人才保障。企业间的竞争归根结底是人才的竞争，企业需要加强企业数字化战略人才保障，持续推进企业数字化转型战略研究；企业需要加强企业数字化科技创新人才保障，提高数字技术研发、集成应用和运维保障等领域人员比例，以技术创新和先行应用引领企业数字化转型；企业需要提高企业全体员工数字化素养，日常强化员工的信息技能培训，弘扬数字文化，营造人人拥抱数字化的企业发展氛围。

明确了企业数字化转型的顶层规划和关键点后，就需要分阶段实施，每个阶段有每个阶段的目标和任务，只有按部就班，一步一个脚印，企业数字化转型之路才能走得更稳、更远。

第一个阶段是资源数据化。如今数据的重要性在很多企业已经建立了从上到下的共识。所谓资源数据化就是要把企业的各种资源、各种对象、各种生产要素全部从加标签开始进行数字化。除了对已有的资源和要素加标签外，对于那些空缺的数据，就需要通过各种设备进行采集，如通过传感器、摄像头和其他智能终端数采模块来采集信号、视频、图片等不同的数据。第二个阶段是工作在线化。在线化要求企业在日常业务管理过程中，尽可能不要进行线下操作，在线化既包含人员的在线化，也涵盖管理的在线化。人员在线化的核心价值在于系统指令的下达、接收、执行和结果反馈，实现网络内各要素之间的高效协同。而管理在线是在人员在线的基础上，基于效率、成本和质量等经营指标的管理诉求，把管理指令通过系统传递给各层面的作业人员，并制定对应的考核标准，基于考核结果进行对应的管理奖惩机制。第三个阶段是运营智慧化。通过数字化技术的应用，在工程相关的进度、质量、安全、物料、技术管理等方面，推进业财融合，实现项目精细化管理；通过物联网技术对前端数据进行自动采集、传输，确保数据及时、准确，做到智能分析、自动监测预警，确保风险可控。第四个阶段是产业生态化。此时，企业自身的数字化能力已经转化为企业资源优势，对内依托数字化平台构建项目工程数字化生态圈，促进设计、采购、生产、建造、运维等各环节的无缝衔接和高效协同；对外推动产业链上下游企业间数据贯通、资源共享和业务协同，形成新设计、新建造和新运维，带动建筑产业发展和催生建造服务新业态。

4.3 企业数字化转型的组织建设

组织建设对数字化转型目标的实现至关重要,企业推进数字化转型需要一个专门的数字化组织来牵头、领导和统筹,要像建立其他长效职能部门那样来建设这个专门的组织,并对其赋权和赋能。

数字化转型是对企业生产力和生产关系的一次深刻变革,变革过程将是全面而系统的,涉及从企业领导层到基层员工全体范围内工作模式的转变,必然会触及内部相关人员的权益,改变员工的固有工作习惯及重塑人员与部门之间的关系。因此,这个数字化部门在定位上首先要做到"高规格",建立以总经理或CEO为最高领导的"一把手"责任制。"一把手"的职责是从战略上敲定企业的数字化转型方案,并搭建领导组织,协调各方资源,为数字化转型工作的稳步推进提供支持。在数字化转型过程中,"一把手"需要积极发挥领导作用,带动企业上下一致向既定的数字化转型目标迈进,协调解决执行人员工作时遇到的困难,并把握数字化转型的进度和效果,从而及时做出调整。

确立了数字化部门的定位后,其核心职能也就清晰了。第一是战略规划及创新研发,即负责制定企业的数字化转型战略规划、调研创新业务的趋势、制定投资策略,以及对企业整体架构的设计。第二是运营及督导,即以数字化应用为核心,探索共性问题的解决方案,按照企业总体数字化转型方向进行赋能、协调、督导,同时根据不同业务场景下的数字化产品反馈的数据和问题适时调整整体架构。第三是数字化能力建设,即以原有的IT部门职责为基础,将战略规划的内容落地成为若干可实践应用的数字化产品,并给予可持续的数字化技术支持。

"一把手"除了制定数字化转型战略方案外,还有一项重要工作就是搭建数字化团队的组织架构。搭建团队的组织架构,能让整个团队的协作更加系统化和规范化,进而提升整个团队的工作效率。搭建组织架构需要梳理整个团队的职能架构,先挑选合适的人选,再根据每个人的角色、岗位,划分具体的工作内容。在运营过程中,合格的组织架构必不可少,它是整个团队工作的核心。

除了明确数字化转型核心组织团队中不同的角色和分工外,为了加快数字化应用和业务侧的深度融合,还可以在各业务部门内设立数字化小组。数字化小组是企业数字化转型的一线作战单元。作为数字化部门的"神经末梢",数字化小组的核心职责是结合具体的业务场景,推进数字化产品的落地。除此之外,像领会数字化核心部门有关数字化转型的顶层规划思想、面向业务部门贯彻执行有关数字化转型的各种政策指令、结合应用场景收集业务部门数字化转型的需求等工作，都在数字化小组的职责范围内。总之，它须上承数字化核心部门，下达业务单元，是二者间沟通和联系的纽带，作用不容小觑。在能力构成上，数字化小组的成员最好是"多面手"，既拥有良好的数字化视野，又具备出众的业务技能，能洞悉不同业务场景对数字化应用的需求，找准数字化转型和业务单元的契合点，从而"因业施策"，更好地推动数字化转型方案落地实践。

由此，企业就形成了上至数字化核心部门，下到数字化小组的立体组织架构。以行业龙头的集团公司为例，最高层数字化部门有数字化委员会，中间有数字化促进中心，具体的业务单元有数字化小组。这种层次分明、职能分工明确的组织架构为数字化转型的持续深入推进构筑了坚强的组织保障。

明确了组织架构和角色分工后，剩下的就是"定目标"和"要成果"。对于不同的人员和岗位，要明确其工作职责，根据数字化转型的总体时间周期，分阶段、按项目量化其工作目标，确保其到了规定的时间节点后，能完成关键成果的交付。对于数字化转型来说，关键成果必须具有以下几个特征：一是具体可落地；二是可以量化；三是必须事关数字化转型的核心步骤，是推进数字化转型过程中不可或缺的关键要素。如施工过程中的人工消耗定额、材料消耗定额、机械台班使用定额，以及分部分项工程量清单、措施项目清单等工程项目常用清单。随着数字化技术的持续落地，通过对不同阶段定额库或清单的量化比对，可以清晰地感知数字化转型的成效如何，这也构成了日后进行阶段总结和复盘的最原始数据材料，其重要性不言而喻。只有通过这些关键成果的不断积累，从日常"微不足道"的量变做起，积少成多，才能最终实现企业数字化转型的质变。

4.4 企业数字化转型的机制流程

数字化转型是一项系统性的创新工程，需要配合的部门和参与的人员众多，更需要企业内各个部门之间打破"部门墙"，进行顺畅的交流和沟通。因此，企业要想顺利实现数字化转型的战略目标，除了加强顶层规划和组织建设外，还需要机制流程的有力支撑，需要在企业内部构建起覆盖全员的职能体系和协同机制。

为确保数字化转型的成功，上下级数字化部门之间、数字化部门与其他部门之间需要尽量减少互相推诿和指责。同时，团队的工作方式也须做出改变，互相努力打破部门间的沟通和协作壁垒，以便能更快速地创新、更高效地协作，创造更多的商业价值。

第一，管理者的格局需要更高一些。在日常管理中，除了工作中的正式沟通外，可以有意识地增加一些非正式的沟通和交流机会，让不同部门和团队之间多一些私下的交流活动，增进团队配合的情感基础。同时，数字化部门负责人不仅要具备数字化管理能力，更重要的是要有大局意识，能充分认识和理解公司战略发展方向和数字化顶层设计及建设目标，把握企业数字化建设方向。

第二，从制度和机制上打破部门壁垒，推动彼此间的协同。具体来说，就是要对部门有考核，有具体的职责和目标，从制度和机制上想方设法打破部门间的隔阂，将部门间的竞争关系转变为合作关系，保证围绕一个数字化转型的共同目标，与其他部门一起共同努力配合创造出更大的价值，实现"1+1 > 2"的效果。同时，在制度设计上下功夫，鼓励跨部门间的合作，通过一定的激励机制把他们连接起来，鼓励部门之间协同作战，携手创造佳绩。在数字化转型战略的落地实施上，部门与部门之间的目标和诉求应该是一致的，只有通过彼此间的精诚合作，将企业数字化转型这块蛋糕做大做实，实现企业利益的最大化，各部门才能有效提升工作效率，从而保证部门效益的最大化。

第三，发挥企业文化的内核作用。当员工发自内心地热爱一个岗位、一个企业并从心里认同该企业的战略发展方向及所提倡的价值观时，他所考虑的就不仅是个人或部门的眼前利益了，而是如何发挥自己乃至其所在部门的主观能动性，以服务于企业整体战略发展方向和布局。例如在正常推进数字化转型相关工作的同时，积极倡导一种分享的理念，让大家积极分享自己或部门在数字化转型过程中的经验、信息、技术、资源，在企业内部营造一种浓郁的分享文化，部门间可以互学互鉴、取长补短，这种分享文化的建立有助于将横亘于部门间的壁垒逐渐消融。

制度和机制是打破部门壁垒，推动彼此协同的利器，而其中最直观的表现形式就是考核和激励制度。精准到位的考核机制和奖惩制度是企业数字化转型能够顺利推行下去的必备条件。首先要建立科学有效的考核办法，激励各部门开展信息化、数字化转型；其次考核要横向到边，纵向到底，要把公司业务部门纳入考核，还要把公司项目部、分子公司所属项目部纳入考核；再次，考核结果要公示，绩效奖惩要配套，做到有褒有贬，表扬、激励做得好的部门，批评、惩罚执行不力的部门。

数字化部门管理者在制定数字化转型的绩效考核标准时，要遵循以下原则。一是兼顾收益类指标和数字化能力类指标。收益类指标通过数字化转型来提升企业当前及未来的收益，数字化能力指标旨在提升企业面向未来的战略能力，如潜在商机的把握能力、工作效率的提升、数据应用能力等。二是应该提前谋划，在数字化转型初期规划未来不同阶段的目标，而不是"临时抱佛脚"，在项目实施过程中再规划，规划时应尽量做到周全而详细，保证规划合理。三是数字化转型业务指标不宜过少或过多。指标过少，工作边界难以掌控，责权不到位，指标过多，则行动受限制，影响团队的角色定位。推进数字化转型过程中还要有容错率，不同企业有不同的现实情况，数字化转型对任何一个企业来说，都是"摸着石头过河"的过程，谁也不能保证能够百分之百取得成功，因此要允许试错，只有快速试错，及时纠偏，才能保证数字化转型沿着正确的方向向前迈进。

最后，企业在推进数字化转型的过程中，通过制定绩效考核目标来衡量团队成员的工作效果是非常有必要的，但也要避免走进两个误区。一是数字化转型业务目标与企业日常运营指标是不同的，二者无法相互取代。二者在拓展业务、追求收益方面的目标是一致的，不同点在于实现目标的方式，数字化业务强调运用新型数字化技术与业务相结合达到降本增效的目的。企业在执行数字化业务目标的同时还应该保持企业日常运营指标，借此亦可评估数字化转型的作用和机会，即通过日常运营指标的变化来体现数字化营收与非数字化营收之间的差异。二是数字化转型的绩效是临时的。因此，企业在制定数字化转型绩效目标时应该设定起止时间。数字化转型的终点时间可以结合转型进度进行调整，终点时间的设定有助于"倒逼"团队成员按部就班地执行数字化任务。企业完成数字化转型后，某些可持续使用的数字化指标可添加到企业日常运营指标中，成为企业永久性的业务指标，指导数字化工作不断深入下去。

附录 A
建筑业典型性企业数字化应用调研情况汇编

随着数字化技术的深入应用，建筑业企业对数字化转型有了更加深入和全面的认识。不同企业自身的管理模式和管理水平有所不同，引入数字化技术的业务和时间不同，各阶段对数字化应用的需求也不尽相同。同时，不同企业因选择的数字化应用路径不同，在具体应用和推进速度、应用效果方面也有很大差异。为全面、客观地反映建筑业企业数字化转型推进现状，编委会实地调研了 26 家典型性企业，进行了详细记录，并由受访企业针对调研内容做了具体补充。下面编委会将大部分便于公开的调研情况按照调研的时间顺序进行集中呈现，希望能够给更多企业提供参考和借鉴。

A.1　重庆中环建设有限公司数字化转型应用情况调研

调研时间：

2022 年 6 月 20 日。

出席调研人员名单：

重庆中环建设有限公司党委书记：匡波；

重庆中环建设有限公司副总经理、总工程师：贾家银；

重庆中环建设有限公司副总经理：白万永；

重庆中环建设有限公司人力资源部经理：王袖彬；

重庆中环建设有限公司信息中心主任工程师：袁海军；

重庆中环建设有限公司总经理办公室副主任：刘静。

企业基本信息：

重庆中环建设有限公司成立于 1953 年，是重庆市国有企业，隶属于重庆高速集团全资公司。公司年产值约 30 亿元，员工人数约 650 人，在建项目数量 27 个（矿山 7 个，市政 5 个，公路 13 个，水电 1 个，其他 1 个）。矿山项目主要分布在陕西省、内蒙古自治区；市政项目集中在重庆市；公路项目集中在重庆市、贵州省；其他项目集中在重庆市。公司拥有公路、市政、矿山工程施工总承包壹级资质及桥梁、隧道专业壹级资质和爆破作业贰级资质。

1. 企业数字化应用情况

重庆中环建设有限公司 2008 年启动信息化建设，2021 年启动数字化建设。第一个阶段：20 世纪 90 年代末～2008 年，以计算机辅助设计、造价预算等单项业务处理为主阶段，目标为提高图纸质量和造价工作效率。第二个阶段：2008～2012 年，深入应用专业软件、管理初步信息化阶段，目标为提高财务工作准确性和效率。第三个阶段：2012～2017 年，深入开展管理信息化（ERP）阶段，目标为提升公司办公自动化水平。第四个阶段：2017～2021 年，全面开展企业级和项目级管理信息化阶段，目标为提升公司核心业务内控水平。第五个阶段：2021 年至"十四五"末，全面实施项企一体化和业财一体化数字管理，目标为实现公司数字化转型，运用数字化手段提升公司核心竞争力。

数字化转型投入方面，2020 年投入约 236 万元，2021 年投入约 600 万元，2022 年投入约 1750 万元。公司本部信息技术中心人数 9 人，所有项目部信息化人数总计约 20 人。

数字化管理组织机构建设方面，领导小组组长：党委书记、董事长、总经理；副组长：总工程师；成员：公司其余领导班子成员、公司本部各部室负责人、各二级单位负责人。实施小组（常设机构）项目经理：信息技术中心主任；实施经理：信息技术中心主任工程师；实施工程师：信息技术中心全体人员（全部专职）。相关工作责任人：各业务线部门负责人为信息化责任人，并指定 1 名工作人员作为信息化实施工程师。各二级单位主要领导为信息化责任人，并指定信息化分管领导、信息化实施工程师。

2. 企业数字化应用特征

由于业务发展需求，从 ERP 企业项目管理系统的应用逐步开始尝试项目 BIM+智慧工地应用解决项目经理部现场管理问题，正在试点的项目有三个高速公路项目。基于不同项目的特点，公司提出了"5+X"应用模式，"5"指物资、安全、质量、进度、视频监控等常规应用，"X"指适合项目自身特点的应用。各系统的价值总体还在实践中，今后的重点是应用系统加强过程监管和事后分析管理。

物资管理方面，通过地磅周边硬件智能监控设备，从数据源头上确保真实性，威慑供应商作弊行为，有效降低原材料超负差率；针对以往项目部物资管理混乱的情况，现要求每月进行有效盘点，通过应用系统，要求数据符合逻辑，账务清楚；要求提供有效的供应商管控和成本分析依据，系统提供各类实时报表分析，例如收发存报表、供应商供货分析、节超分析报表等，这些报表为项目管控提供了有效的依据。

安全质量管理方面，要求提供每日记录项目现场情况，并有效保存，专业人员检查后如果存在隐患，则可自动生成隐患整改通知单；通过信息化系统应用进行闭环管理，可以对检查出的隐患形成有效管理，不会遗漏，并且可生成和打印整改单。

进度管理方面，通过BIM模型，直观展示项目各分部分项工程进度，针对工程量和产值统计，实时体现项目每日每周每月及开累工程量和产值数据，通过计划与实际对比，掌握进度偏差情况。

视频监控方面，通过布置在施工现场的摄像头，第一时间了解现场情况，及时发现现场作业人员违规行为。目前摄像头大多是静态的、单向的，如果加上声音播报、AI违规分析主动提醒，可实现主动管控。

劳务管理方面，实现安全教育培训考试，自动关联和记录人员培训考勤、成绩。人员考勤则应用多种考勤方式组合，自动生成考勤台账，清晰准确，有效规避用工风险。

隧道管理方面，实时监测安全步距信息，根据隧道围岩类型，对安全步距实时预警；通过人员定位，随时掌握隧道作业人员具体位置及安全情况；及时检测有害气体浓度，防止在隧道施工过程中，有害气体超限带来灾害，确保人员安全；利用智能硬件进行隧道开挖面检测，实时监控隧道是否超挖欠挖，为施工进度提供数据支撑。

智能钢筋管理方面，通过翻样软件实现钢筋翻样，不仅提升设计人员效率，还提升原材料利用率；通过智能化加工管理，自动计算材料利用率，优化排列组合，保证钢筋制品加工效率和质量，提高钢筋出材率；规范余料管理，建立余料台账，辅助梳理余料信息，方便余料利用，节约成本。

数字梁场方面，对梁场施工工序、人材机等方面实行数字化管理，实现制梁、存梁、运梁、架梁的有序流转，生产工艺检查和精细调度，避免人工模式下因生产调度的复杂性发生失误或错误，自动提高生产效率。通过智能系统，实现预制梁混凝土质量智能控制，通过App查看智能控制数据，实现多业务协同管理。

3. 企业数字化应用面临的问题和建议

问题1：多系统并存。由于历史原因，企业并存多套软件管理系统，例如OA系统、人力资源系统、档案管理系统、财务管理系统、综合项目管理系统、智慧工地平台、电子商务平台。由于企业合并重组，原单位用这个系统，新单位用另外一套系统，这通常涉及财务系统的转换，如金蝶、用友和浪潮。同一集团内部也存在多套重复系统，没有统一规划。多系统多厂家，不同厂家之间没有开放统一规范的接口，存在数据孤岛现象，如果要实现数据互联互通，要耗费大量的人力物力财力。如果只用一家产品，又可能存在垄断问题。

问题2：软件技术和费用。目前市面上智慧工地产品较多，包含的子系统达十个以上，BIM技术也是众多厂家推广的一个重点，但BIM技术的应用当前存在三个突出问题。一是模型多。BIM技术应用一种模型，宣传视频采用另一种模型，成本管理又是一种模型。二是建模时间长。Revit建模时间长，广联达BIMMAKE建模速度极快，但仅应用于广联达的部分产品。三是浏览器端显示性能差。尤其是结合倾斜摄影，即BIM+GIS，几公里BIM模型和地形，内存至少需要16G，CPU要i5以上，才能顺利运行。由于智慧工地平台功能多，完整实施一个BIM+智慧工地需要数百万甚至上千万元，若实施常规的物资、安全、质量、进度、视频监控系统，费用也在百万元以上（由于线路长，视频监控约占40%），并且每个项目收费，涉及智慧梁场、钢筋加工厂的硬件成本更高。对于基建项目，由于路线长、隧道内信号差，建设有线网络费用高，无线网络信号差，仅建设视频监控系统都需要数十万元。

建议政府：统筹规划智慧工地建设体系，建议以施工单位为建设主体，政府、业主、集团（施工单位的上级单位）都可以从所管理项目的智慧工地平台自由采集数据。因为政府和业主主要是监管，提取数据查看就可以了，而施工单位及上级集团可以统筹管理自己单位的所有项目，能很好地解决智慧工地平台异构问题。

建议业主：目前智慧工地建设费用高，对施工单位而言每个项目都投入数百万元，几十个项目就是几千万元，这笔费用着实不菲，目前项目部对数字化转型积极性不高的一个重要原因就是信息化费用高。项目施工合同中可以单独规划智慧工地建设专项资金，以提高项目数字化转型的积极性，提高数字化管理水平。

建议同行：加强交流，互相学习，共同探索智慧工地真正的价值作用。软件商可以组织相关单位一起探讨应用中存在的问题及软件需求，认真分析现实问题，努力寻求解决办法，共同推进公司和项目数字化转型。

A.2　重庆交通建设（集团）有限责任公司数字化转型应用情况调研

调研时间：

2022年6月21日。

出席调研人员名单：

重庆交通建设（集团）有限责任公司董事长：李海涛；

重庆交通建设（集团）有限责任公司副总经理、总工程师：向兵；

重庆交通建设（集团）有限责任公司副总工程师：汪平；

重庆交通建设（集团）有限责任公司总工办主任：史勇。

企业基本信息：

重庆交通建设（集团）有限责任公司是重庆市国有企业。公司年产值约46.6亿元，员工人数约1826人，在建项目数量39个（公路26个，市政12个，房建1个）。在全国各地区均有在建项目，重点项目集中在重庆地区以及与重庆交界的湖北省。公司拥有公路工程施工总承包特级资质、市政公用工程总承包壹级资质，路基、路面、桥梁、隧道、交通安全设施五项专业承包壹级资质，公路养护全套最高等级资质。

1. 企业数字化应用情况

重庆交通建设（集团）有限责任公司信息化起步于2005年，从网站、OA和资金管理系统开始建设。第一个阶段：2003～2005年，上线了网站、OA和资金管理系统等一些简单的应用系统；第二个阶段：2006～2018年，自主开发了ECS项目管理系统，既兼顾企业实际管理需求，又顺利通过住房和城乡建设部特级资质实地核查；第三个阶段：2019～2022年，开始"数字交建"建设，引入致远A8中台，开发全面的企业协同管理系统，提高企业运行效率。同时引入施工项目管理系统、BIM技术平台和智慧工地管理平台，提升项目管理水平。

数字化转型投入方面，近三年投入资金1.39亿元用于数字化转型升级。其中，500万元用于中台建设企业协同管理系统和业财融合系统，1400万元用于施工项目管理系统、BIM技术及智慧工地系统，1.2亿元用于对大量的项目生产设备进行数字化改造，以提升生产效率。

数字化管理组织机构建设方面，集团数字化建设工作由大数据中心专职负责，董事长亲自主抓，总经理具体分管，设专职主任1人，专职工作人员9人。各职能部门负责人主管相关业务系统落地实施，各重点项目工程技术部设专职数字化管理员负责具体工作。

2. 企业数字化应用特征

集团围绕主营业务（公路、桥梁、隧道）开展信息化、数字化、智能化应用，着重于实现项目精细化管理和企业集约化经营。在项目精细化管理上，开展针对质量管理、安全管理、物资管理等方面的数字化应用。在企业集约化经营上，进行如智慧梁场、数字化钢筋加工场、数字化拌合站、智能化机械设备的应用，并在很多技术领域取得先进性突破，形成企业核心竞争壁垒，推动智能建造和新型工业化协同发展。

项目管理过程中，集团使用综合项目管理系统，以成本管理为中心，过程管理为手段，成本、进度、质量为主要控制点，收集项目进度、设备管理、物资管理、分包管理、劳务管理等模块的实际数据，构建一个跨地域、跨层级、跨部门的项目数据中心，为公司构建战略管控和经营管控体系提供有效的支撑手段。同时以数字化钢筋加工厂为核心，同时拉动梁厂、拌合厂、架桥机的数字化应用建设，利用5G、IoT、BIM融合技术搭建数字化管控中心，通过信息化技术协同力对分布设置的厂站进行一站式集中化管理，提升整个项目的生产效率和质量。

一是数字化钢筋加工厂拥有国内先进的全自动激光切割机、机器人自动焊接机、全自动钢筋网片生成机等设备，可以完成钢筋笼、盖梁骨架、不同尺寸的网片焊接等材料加工。钢材加工实行订单式生产，作业分部根据现场需求，再远程录入订单，钢材加工厂根据订单排单生产、配送，真正意义上实现"三集中"管理。

二是智慧梁厂通过集成应用5G、AI、PLC、先进感知等新技术构建综合管理信息化系统，实现特种设备、智能喷淋养护、智能张拉压浆等施工智能化装备的业务集成和数据集成，通过构建5G+局域网实现施工动态数据的实时上传，利用智慧梁厂综合管理系统实现AI分析，实现对梁板预制的全要素统筹，通过高清视频系统和环境监测系统实现对厂区的全域感知，推动桥梁建造的数字化转型。

三是数字化拌合厂核算系统实现了拌合厂生产数据远程实时在线查看，解决了传统拌合厂生产数据只能通过上报的Excel表格进行查看的弊端。拌合厂原材料耗用及半成品生产数据实现单机、单人、单车、施工部位耗用、分包队伍领用等不同维度汇总分析，辅助进行操作人员绩效考核以及分包队伍的结算。同时，还可进行配合比偏差预警，防止人为盲目提高混凝土强度等级。

四是数字化架桥机。通过对传统架桥机进行数字化改造，架桥机的数字化改造集成应用了工业信息化、微处理、云计算、物联网、北斗定位等技术，对桥梁架设全过程进行监控管理，实现架桥机运营信息及安全状态的实时管理，为架桥机施工提供了强有力的安全保障，可以有效提升架桥机的安全水平和运营效率。

3. 企业对数字化价值的认知及面临的问题和建议

价值：国有企业的监管措施越来越严，流程越来越多，加之施工企业项目分散，常规审批、会务和传统项目管理手段须消耗大量的人力物力财力，导致企业运行成本居高不下。数字化转型一方面依靠管理软件助力管理提升，提升企业运行效率，降低企业运行成本。另一方面在项目管理过程中对重点环节进行数字化改造，例如智慧梁厂、数字化钢筋加工厂、数字化拌合厂、5G+智慧隧道，通过提升精细化和集约化管理水平，减少不必要的损耗，降本增效。在这两个方面挖掘数字化经济价值都大有潜力。

问题1：数字化系统不兼容与数据难以打通。企业发展过程中相伴而生的信息与数据越来越多，越来越复杂，传统单一维度的系统越来越难以满足企业的协同运营需求，数字化系统不兼容与数据难打通问题一直是困扰企业发展的难题。经过多年探索，集团发现中台可以较好地解决这个问题，它以开放共享的技术底座为依托，凭借云原生、微服务、容器化的技术架构，通过API开发共享，与ERP、CRM、MES等各类业务系统相互集成，实现数据层的打通，通过平台沉淀业务和管理数据为企业经营分析、智能决策提供坚实的基础。

问题2：数字化普及程度高，投入产出比不理想，"数字交建"建设三年来，集团投入500万元建成了全面的企业协同管理中台，投入1.2亿元对多个重点项目进行了数字化改造，建设了多个数字化钢筋加工厂、智慧梁厂、数字化拌合厂，但受制于项目壁垒和商业合同局限，不能向社会面展开经营并辐射周边区域，数字设备难以饱和运转发挥其最大产能，投入产出比不高。这是目前困扰集团最大的难题，集团也在积极努力，和当地政府合作，探索互利互惠的共同发展模式。

建议1：希望政府有资金方面的扶持，例如奖项、单独专项的资金扶持等。数字化转型是一项长期而艰巨的任务，需要持续投入大量资金，在工程项目低价中标、利润趋薄的大环境下，企业持续拿出大量的资金来进行数字化改造也是一件很困难的事情。希望地方政府对数字化转型有成效的企业和项目加大扶植力度，设置相应的奖项和创新发展专项资金。

建议2：招标文件中增加信息化、数字化能力评分，规避恶意竞争问题。

目前全国建筑施工企业数字化转型水平参差不齐,在投资市场疲弱、市场订单不足的情况下,更要提高准入门槛,规避恶意竞争。建议发包人在招标文件中设置投标人数字化能力条件,如 BIM 技术、智能建造开展应用情况,对数字化水平高的投标人进行加分,引导和鼓励企业增强数字化转型的主观意愿,进一步加快推进全行业数字化转型工作。

建议 3:目前数字化还是一个广义的概念,没有平台算法,需要加强算法建设,增强数据分析能力。目前公司的数字化更多地停留在信息化阶段,接下来要向更高的要求推进,通过总结基于行业最佳实践的标准化流程和功能,开发完善各业务板块的管理系统和各种集约化的专业软件,并在开发中由浅入深地加入系统算法,对采集、上传的数据进行分析处理,输出指令,达到预警、纠偏、辅助决策的作用,以实现完全意义的数字化。

A.3 华姿建设集团有限公司数字化转型应用情况调研

调研时间:

2022 年 6 月 21 日。

出席调研人员名单:

华姿建设集团有限公司总裁助理兼财务管理部总经理:练渝珊。

企业基本信息:

华姿建设集团有限公司(以下简称华姿建设)是一家重庆民营企业。公司现有员工 800 余人,2021 年产值 30 多亿元,在建项目数量 50 余个,项目主要集中在房建、装饰、景观等专业。公司业务范围以重庆市为中心,辐射成都、西安、合肥、广州等城市。公司拥有建筑工程施工总承包壹级、消防设施工程专业承包壹级、建筑机电安装工程专业承包壹级、建筑装修装饰工程专业承包壹级、电子与智能化工程专业承包壹级等专业资质。

1. 企业数字化应用情况

华姿建设于 2014 年开始启动信息化、数字化建设。第一个阶段:2014~2018 年,目标为实现线上办公和财务核算管理。2014 年,公司跟随母公司控股集团开始推动线上办公系统应用,把融合组织、岗位和人员的流程在线上办公系统进行流转,初步实现了无纸化办公、线上协同办公,基本能够满足日常的业务管理需求,上线财务系统,满足财务日常账务处理、财务管理应用要求。第二个阶段:2018~2020 年,目标为实现供应链管理。公司于 2018 年上线了简易版本的供应链库房管理系统,能够简单实现材料入库、出库、结算功能，并同时完成了财务管理系统升级优化等。第三个阶段：2021年至今，目标为实现以收、支、成本为核心的项目业务管理，结合人力、财务、税务、现场智慧管理平台等管理及智慧化系统，提升业务财务综合管控能力，以业务逻辑固化管理流程，以数据沉淀衍生分析决策，以智慧驱动高效生产的综合数字化应用体系。

数字化投入方面，近三年公司相关投入已逾900万元，现阶段数字化应用专业人员数量500余人（包含信息化领导小组、执行小组以及各关键岗位、关键用户）。

组织机构建设方面，公司设立了非常设机构信息化领导小组，由总裁助理任组长，小组成员包括商务、招采、工程、财务部门负责人。另有5人组成信息管理部，作为常设机构，日常组织开展数字化建设工作。

2. 企业数字化应用特征

华姿建设采用公司主导系统建设思路及目标，软件商技术配合的数字化建设方式，特征表现为民营企业以财务、商务视角为核心，搭建数字化应用体系；重点在劳务管理、物资管理等方面的应用；保证真实、及时、全面提取数据，以支撑财务、商务管理和决策，实现基于数据的三算对比。建设过程中，通过Wbs拆解细化各业务环节流程结构，并派专职人员对业务流程进行调研、重新优化设计、落实数字化执行、检视业务流程的应用情况，实现PDCA闭环。

公司在项目管理系统规划设计过程中，充分运用商务和财务的管理视角，以项目利润管理为出发点，以项目收入、目标成本、支出为核心管理条线，搭建了项目从开工建设、施工合同签订、产值报送及回款、目标成本制定、支出合同签订、材料入库/出库、支出合同结算支付等全链条的经济类业务闭环管理，其中通过目标成本管控支出合同签订，支出合同签订管控合同结算，合同结算管控合同支付等多重业务环节串联控制，保障业务规范有序发生、风险可控，从而达到项目按照规范标准的流程运行的目的。

物资管理一直是建筑施工企业在管理上的难点、痛点，在信息化建设过程中，项目端使用先进高效的智慧物料管理系统，该系统通过深度适配现场收料业务场景，利用物联网、云计算等新兴技术手段规范现场物料验收动作，材料到场重载过磅得出毛重，空车出场过磅得出皮重，通过一进一出两次过磅系统自动计算材料重量，同时支持不同的系数换算，在整个过磅流程中，减少人为因素干扰，最大限度地保障了过磅数据的真实性、客观性，同时通过现场智慧物料系统与项目管理系统集成对接，能够将磅单数据直接融入供应链管理链条，实现企业项目一体化管理。

同时，公司从信息系统实用性角度还建设了工程形象进度系统，通过定时、定标准的项目现场形象进度图片上传，让公司领导能够在公司或者非项目现场的任何地方及时了解项目现场形象进度完成情况，给进度计划、执行、跟踪、督办提供了较好的闭环管理工具。

信息系统的最终目的是赋能管理，赋能生产，赋能经营，所以本着系统数据发挥应有价值的目的，在数据完整、及时、准确的基础上，搭建了大数据报表，该报表的设计和原型由信息化领导小组组长亲自规划和设计，最终形成了经营要素齐全、数据结构合理、反映问题清晰的一个综合查询报表成果，该报表主要从年度KPI和项目全周期两个视角对主要维度数据进行分析，能够从报表直观展示当年核心经营指标完成情况和项目全周期核心经营指标完成情况。其中，年度KPI指标包含产值、回款、支付、收支差、净现金流、费效、利润等核心指标。项目全周期指标包含项目性质、项目状态、合同、收款、支付、项目费效、税金、收支差、净现金流、利润等核心指标。

3. 企业对数字化价值的认知及建议

价值1：供应链管理是难点，同时也是重点，特别是在建筑施工企业，房建项目的材料成本占比约为50%，控制好材料成本、材料计划能够有效保障项目利润和项目现金流，首先从管理上打通工程、成本、招采、库房等各个管理职能，实现材料总计划、材料月计划、材料次计划、材料采购、材料库存等多个环节的互联互通，通过数据的传递和回填，能够解决数据对称、信息传递的难点、痛点，例如：可以通过总量计划实现集约采购，得到价格优势的同时提高招采效率；通过现场按时、按计划提供月、周、次计划，可以有效减少材料带来的现金流占用；通过库房及时办理入库、出库、盘点，能够有效掌控现场库存，计划审核审批人在系统中就能看到总量余量、现货余量等内容，有助于决策者综合判断。同时为了解决库房入库及时性问题，特别增加智慧地磅系统加持，实现进场称重，磅单直连入库单，于到货24小时内完成入库数据采集。

价值2：材料管理从前到后，有非常多的业务环节，大致包含招标、采购、评标、定标、签订合同、入库、领用、结算、收票、支付等多个业务环节，做好各个环节的管理和控制，最终实现材料成本节约。首先从招采环节，建立合格供方库，对供应商的品牌、规模、资信等各方面进行全方位的筛查；在招标和合同签订环节，通过集中采购、战略协议等方式得到价格优势，同时建立合同标准模板，对付款条件等专用条款进行集团统一、标准化；在收货环节，通过智慧地磅系统直接得到货物车载数据，能够保障数据真实、准确、及时，从而防止材料出现跑冒滴漏的现象，最大限度地防止成本损失；结算引用入库单，入库单引用磅单，通过数据的层层传递，保障数据不可篡改的同时提升了业务办理效率。

建议：业主方和下游供应商也要升级管理思维和习惯，运用数字化辅助管理，面对行业人力资源管理难点，未来有可能出现劳务平台、人才服务公司等新行业。从建设方、施工方、供应商到生产厂家基本形成了建筑的完整产业链，各自都有自己的管理系统，也有各自的侧重点，但是针对上下需要打通的管理环节，仍然不能实现打通，可能需要一个较为有影响力、规模较大的综合平台服务商来整合上下游资源，将通用类、关联类信息互联互通，提升建筑产业链的整体效率。

A.4　重庆建工住宅建设有限公司数字化转型应用情况调研

调研时间：

2022年6月24日。

出席调研人员名单：

重庆建工住宅建设有限公司副总经理、总工程师：陈怡宏；

重庆建工住宅建设有限公司信息中心主任：阎斌；

重庆建工住宅建设有限公司BIM中心主任：余杰。

企业基本信息：

重庆建工住宅建设有限公司是重庆市国有控股施工企业。公司拥有专业技术人才1700余人，年承接业务100亿元以上。公司在建项目160余个，其中市政项目占比30%，房建项目占比70%，项目遍及重庆、四川、陕西、江苏等省市。公司具备建筑工程施工总承包壹级、古建筑工程专业承包壹级、市政公用工程施工总承包壹级、钢结构工程专业承包壹级、建筑装修装饰工程专业承包壹级等相关资质。

1. 企业数字化应用情况

2013年，公司对企业信息化建设做了整体规划，组建了信息化工作机构，成立了信息化工作领导小组，制定了信息化相关制度。根据业务调研情况，先后开发上线了行政事务管理、人力资源管理、市场营销管理、客商管理等模块，同时确定了项目管理试点工程范围，为开展项目管理信息化打下了坚实的基础。2015年，公司信息化建设以项目管理为工作重点进行推进。通过总结项目管理试点工程的应用经验，确定了以合同为主线，以成本和资金为重点的功能架构，定制开发了项目合同成本控制体系、项目物资计划控制体系、项目产值管理、项目发票管理、项目合同及结算管理、项目施工组织及方案管理、项目收入借贷管理、项目资金管理等功能模板，并在2016年实现了在建项目全面应用。2017年，公司信息化建设进入深度应用阶段，先后开发应用了项目成本资金管控体系、内部支票管控、保函管理及预警、物资供应管理及预警、农工专户及工资管理、法律事务管理、客户资质管理及预警、增值税管理等功能。项目管理也进一步完善，基本覆盖了工程项目从中标到竣工的主要管理环节，从"合同"和"资金"两条主线对项目风险进行管控。2020年，公司制定"十四五"战略规划，也对信息化建设提出了新要求。为此，公司启动了"智慧工地"平台建设工作。

数字化投入方面，近三年公司数字化投入500余万元。

数字化组织机构建设方面，设立了数字化转型工作组，常设技术中心6人、信息化中心专职6人，技术中心担负信息化工作的统筹规划，信息化中心负责指导协调和管理等职责。

2. 企业数字化应用特征

重庆建工住宅建设有限公司的总体建设蓝图，底层是IT基础架构，IT基础架构是数字化实现的基础，主要包括网络、服务器、数据库等软硬件基础设施的搭建。往上是各业务系统，未来将实现公司所有业务领域，如综合管控、财务管理、人力管理、项目管理、资产管理等的信息化，这些业务系统的数据将通过数据中台实现数据融合。而数据中台也将所有的业务数据集中管理，对数据进行加工，通过科学的智能分析模型，输出各类分析结果，对公司的战略、预算管理进行支撑，实现决策分析与集团管控。

根据公司的实际情况，将建设规划为三个阶段，三年建成。第一阶段的目标是实现业务场景数字化，通过工地现场部署的传感设备、监控设备等，利用4G、宽带、物联网技术，对工地项目进行进度管控、劳务实名制管理、质量管理、安全管理、材料管理和成本管理，实现建筑工程人、机、料、法、环全业务管理的信息化、数字化。

第二阶段的目标是数字赋能，工程的人员、材料、设备、进度、安全、质量管理的业务数据采集汇总后，通过数据分析，针对数据分析的结果进行管理流程、管理制度的改进，并结合公司组织架构进行调整，将流程、制度与信息化系统结合，不断提高公司项目管理水平，形成数字驱动的管理模式。

第三阶段的目标是数字融合，之前各业务系统数据标准不统一，互相之间没有打通，造成数据的重复录入、数据失真等问题。建立企业数据中台，统一数据标准，将各业务系统的数据集中存储、集中管理、汇总分析，汇总后的数据将形成企业的数据资产。数字融合之后，将实现全公司、全业务的业财一体化，业务发生的同时，相关的财务单据、财务数据自动生成，数据传递快速、真实，能实时反映公司经营情况，为企业领导决策提供可靠依据。

聚焦于工程项目全生命周期，以信息技术与建筑技术深度融合为主线，深化BIM技术应用，提高工程项目全生命周期各参与方的工作质量和效率，大力发展智慧工地和装配式建筑，实现建筑业向信息化、工业化转型升级。通过BIM应用，提高工程项目管理水平，保证工程质量，提升综合效益，开展多层次的BIM技术应用教育培训，提高专业人才数量和技术应用能力，加强成控、技术、质量等方面的培训，让人才具备系统化的BIM能力。实施自主创新与引进集成并重的理念，"借力外脑"（联合第三方）研发具有自主知识产权的BIM应用平台，建立BIM数据库及专业族库，培养研发和应用人才队伍。

在项目数字化转型过程中，数字化分级管理应该覆盖企业整个业务流程及管理人员决策，企业分析人员将把业务数据用图形化的手段制作成可视化报表，产出销售分析、生产分析、发展分析、竞品分析等报表，为企业管理人员提供决策支持。借助数字化管理，加快企业内部业务流程、商业决策，培养企业的数据质量，让管理人员意识到数据在信息化、数字化时代的重要性。

利用企业综合管理平台实现合约、物资、采购、分包、税务、资金、成本、质量、安全、进度、资源、融资等核心场景全业务线上高效管理、风险可控。打破企业内外部门、项目、人员之间基于业务、场景的沟通障碍，实时业务协同、沟通分享。基于云平台实现消息推送，自动预警，实现业务驱动高效决策。充分调动现有人员潜力与积极性的基础上，加大人才引进和培养力度，优先解决数字化转型的人才问题。通过远程办公、线上协同的模式加速数字化在企业管理中的渗透。

下一步公司信息化工作重点是以企业数字化转型为目标，持续优化平台功能，加强数据查询分析功能和应用，计划启动标准化、模块化、程序化建设，为业、财、税、资一体化平台建设做准备、打基础。

A.5 汉江城建集团有限公司数字化转型应用情况调研

调研时间：

2022年7月7日。

出席调研人员名单：

汉江城建集团有限公司党委副书记、副董事长、总经理：蔡军；

汉江城建集团有限公司党委委员、副总经理：陈红英；

汉江城建集团有限公司工程管理部部长：刘一；

汉江城建集团有限公司综合部部长：徐斌；

汉江城建集团有限公司 BIM 中心主任：曹亦斌；

汉江城建集团有限公司工程管理部科员：易世雄。

企业基本信息：

汉江城建集团有限公司是湖北省襄阳市市属国有企业，现有职工 1000 余人，2021 年合同额 70 亿元，营收 50 亿元。目前公司在施项目 41 个，项目遍及北京市、济南市、武汉市、襄阳市等地。公司拥有市政工程施工总承包壹级、房建施工总承包壹级"双壹级"资质，拥有装饰装修、钢结构、环保工程、预拌混凝土、对外承包工程资格等全产业链资质。

1. 企业数字化应用情况

自 2019 年年底开始，公司启动信息化建设项目，陆续建设了项目管理系统、档案管理系统、资产管理系统、智慧工地项目、劳务实名制管理系统、OA 系统、人力资源系统、财务管理系统、企业 BI 数据决策平台。

应用阶段。2019～2022 年，公司建设项目管理系统、档案管理系统、资产管理系统、智慧工地项目，建设信息化的目标是"知进度、控成本、防风险、守质量"，同时也为申请特级资质做准备。

数字化投入情况。近三年公司在信息化建设上投入的资金超过 1000 万元，信息化已应用到全公司范围，涵盖公司员工 1000 余人。

组织机构建设情况。党委副书记、副董事长、总经理直管信息化工作，党委委员、副总经理分管，公司总部信息中心设置在综合部，目前信息专员 2 人。各分子公司设置分子公司信息化管理员 14 人。

2. 企业数字化应用特征

目前公司存在经营规模增长加快，人力资源和管理能力相对不足的情况，需要数字技术提升企业效率和效能；行业竞争愈发激烈，企业需通过数字化转型提升核心竞争力，是公司推进企业数字化转型的两大动因。

公司在推进数字化转型过程中，采取了数字化转型与工作考核挂钩的方式，且采取不使用数字化系统无法进行工作的方式"倒逼"员工接受数字化转型。对此，公司从以下几个方面进行数字化转型。

一是项目数据标准化，项目数据标准化的前提是企业业务管理的标准化，企业内部所有数据都制定相应的数据标准，做到项目数据"数出一源、一源多用"；二是业务线条数据化，各业务线推进线上检查、线上考核机制，形成数据资产积累，优化数据服务；三是数据采集自动化，实现一次采集，共享使用，并且保证数据真实、准确、完整；四是分析决策智能化，利用数据平台建立内部信息管理的数据分析模型，以数据真实反映企业运营管理情况，评估各种管控措施对业务发展的影响。

3. 企业对数字化价值的认知及面临的问题和建议

价值1：蔡军（党委副书记，总经理）认为，建筑行业门槛低、竞争激烈，竞争意识和居安思危很重要，数字化是洗牌式倒逼，在企业未来的管理中将是一场革命，数字化为企业战略规划、风险管控、目标管理、绩效考核、决策分析提供数据支持，真正实现企业高质量发展。通过重新分析企业的资源（人、财、物）及其价值，确立了企业管理能力是人力资源方面的竞争力，核心技术与数据资本是生产要素方面的竞争力，数字化的应用能有效解决人力资源问题和数据资本的积累。

价值2：徐斌（综合部部长）认为，建筑行业数字化转型核心是激活行业内数据要素流转，数据的流转审批极大地提升了审批速度，提高了工作效率。

价值3：刘一（工程管理部部长）认为，建筑施工企业要充分发挥企业生产管理产生的海量数据和丰富应用场景优势，促进数字技术和企业实际生产管理深度融合，加速构建新型企业生产管理经营模式，数字化应用有利于项目成本控制，同时利用丰富的数据能实时对项目进行监控和管理。

价值4：曹亦斌（BIM中心主任）认为，BIM最大的优势是弥补了平面视图所带来的简化及遗漏，通过BIM 3D可视化建模使工程图更加精确，通过BIM软件对三维建筑模型进行有效检测，经由分析得出设计中存在的不合理状况，并协同多工种设计，优化设计，规避缺陷，降低损失。

价值5：易世雄（工程管理部科员）认为，应用数字化系统后信息录入更为全面，使集团公司管理能够快速了解整个项目管理全模块的业务信息，减少项目参与人之间的信息交流次数，并能保证信息传递的快捷、及时和通畅。不仅有助于提高项目管理工作效率，还可以提高项目管理水平。

问题1：蔡军（党委副书记，总经理）认为，建筑施工企业的转型意识还有待提升，目前基层项目对于数字化应用的感知度不够，观念不够深入，在数字化应用方面数据信息录入不够及时准确，希望能通过"新人带老人"的方式，培养企业数字化认知和习惯。

问题2：陈红英（党委委员、副总经理）认为，对于BIM技术的应用来说，一般情况是客户有需要才做，数据和信息难以跟随项目推进而流动，形成不易交互的信息孤岛，BIM正向设计推进过程中计价体系不健全、BIM审核和验收环境不成熟，缺乏针对性强且内容齐全的行业标准；建筑设计、施工、运维与数字化技术相结合的创新型复合人才缺口很大，因此BIM技术价值并未体现出来。

问题3：徐斌（综合部部长）认为，从公司层面来讲，对于数字化的宣贯还存在欠缺；分子公司对数字化转型尚未形成全面的认识，存在只追求短期利益、不做长远计划的情形；另外一些项目一线录入工作比较繁琐，导致一线工作人员不愿意将项目信息录入系统。

问题4：曹亦斌（BIM中心主任）认为，施工企业作为将设计图纸模型进行实体建设者这一关键角色，在BIM技术的应用上属于践行者，但是大多数技术人员本身并不具备足够的BIM理论知识，而且单位内部对BIM技术的应用不太重视，导致BIM技术人才严重匮乏。

问题5：易世雄（工程管理部科员）认为，人员使用和实操困难，职工年龄结构中老职工占比较多，信息化的接受和使用程度存在一定问题，已有的习惯改变困难。由于专业知识限制，一线人员听不懂信息技术人员的技术语言，信息技术人员也不了解业务流程，不能很好地帮助业务人员提出和发掘业务需求。

建议1：蔡军（党委副书记，总经理）认为，甲方列支招标专项费用进行资金支持；在招标过程中设置技术标准、投入标准，"倒逼"企业进行良性竞争，优胜劣汰；行业要培养正向设计的能力，从源头做BIM，设计院建模，使施工企业应用更高效、更有序。

建议2：陈红英（党委委员、副总经理）认为，要考虑甲方的需求，保证数据与项目同步而行，避免信息孤岛，BIM建模工作应与工程后期（运维）相结合，提供更大的服务价值。对于软件开发商来说，要多结合建筑企业实际项目对软件进行优化处理，保证软件适应项目建设的需求，同时要加强后期运维工作，及时解决系统出现的问题以及系统的安全性问题，保障信息化系统的顺畅运行。

建议3：徐斌（综合部部长）认为，公司一线工作人员应全方位地认识数字化转型的重要性，加大宣传和培训力度，保障数字化应用的通畅，遇到信息化使用过程中的堵点，要及时梳理并对相应的流程进行优化，保障一线员工在数据录入过程中的通畅，为数字化转型铺平道路。

建议4：曹亦斌（BIM中心主任）认为，要加大建筑信息模型（BIM）、大数据等新技术在工程建设各环节的集成与创新应用，积极推动建筑产业转型升级。

A.6 中建科技集团有限公司数字化转型应用情况调研

调研时间：

2022年7月13日。

出席调研人员名单：

中建科技集团有限公司CIO：贾宁；

中建科技集团有限公司资深经理：刘根民。

企业基本信息：

中建科技集团有限公司是中央所属企业，现有员工5000人，年度产值约200亿元。公司在建项目约100个，分布在华南、华东、西部、华北等地。公司拥有建筑工程施工总承包特级资质、建筑行业甲级设计资质等专业资质。

1. 企业数字化应用特征

中建科技集团有限公司（以下简称中建科技）95%的工程业务为装配式项目，其数字化应用紧紧围绕业务需求，并且企业一把手非常关注，这也给中建科技的数字化转型工作提供了很好的发展土壤。由于大部分装配式工程的业务特点，公司数字化转型工作由设计牵头，通过统一的数字化应用平台，集成各业务系统数据，打通设计、商务、建造、交付全链条，赋能业务高质量发展。

中建科技作为建筑工业化的先行者和引领者，攻关建筑工业化关键核心技术，自主研发建筑数字信息模型轻量化软件，将数字设计形成的成果通过"中国建筑智慧建造平台"（以下简称智造平台），在商务、制造、施工和运维环节一体化全面互联互通使用，实现"云端协同"的全过程数字建造方式。该平台是全球首创并具有自主知识产权的"装配式建筑智慧建造平台"。包括数字设计、智慧商务、智能工厂、智慧工地、幸福空间五大模块。

数字设计主要包括设计指南、部品构件库和项目模型库。采用全员、全过程、全专业BIM模式创新，基于BIM的预制装配式建筑设计技术，提供预制构件库、项目模型库。将项目BIM模型上传至云端完成轻量化，并提供在线浏览BIM数据的服务，通过数据交互实现数据资源的共享共用，提高数据使用率，确保数字化设计成果全面服务于采购、生产、施工、运维全过程。

智慧商务主要包括智慧商务系统、BIM造价管理和云筑网，基于标准化设计的BIM模型，自动生成工程量清单，结合企业成本科目完成工程造价，将BIM造价成果通过统一的数据标准和数据接口与"云筑网"关联，解决系统数据互通的问题。

数字设计环节形成的数据信息可以被工厂智能化设备直接读取，实现设计信息对生产环节的自动管控，对生产进度、质量和成本的精准控制，保障构件高质高效地生产。

智慧工地实现人、材、机和建造过程控制的互联网化。对所有工业化生产的部品部件、机电设备通过统一的数据平台接入物联网管控。通过将人、承建商与建造过程和部品部件进行互联，实现建造全过程的质量、安全、进度、责任追溯体系。通过人脸识别+刷卡考勤，对标工厂的管理，实现工厂、工地人员管理的智慧化。通过在大型设备上安装感应设备，实现设备的安全预警、远程监控等功能。

幸福空间实现新居全景导航和物业全景导航，新居全景导航通过建造过程的数据提取，为住户提供VR全景漫游，住宅各项使用功能虚拟展示和隐蔽工程展示等。物业全景导航在社区级整合所有使用需求所涉及的终端设备，通过物联技术为物业管理提供更直观、高效的智慧管理系统。同时，可以让住户回看建造过程重要内容，提供厂家、型号、工艺等信息，供运维阶段应用。

2. 企业对数字化价值的认知及面临的问题和建议

价值1：智造平台依托深圳市首个装配式EPC项目，以一体化管理理念为指导，以EPC管理痛点为需求，结合物联网、互联网技术，以BIM数据链为抓手，开发了全过程的装配式建筑EPC管理模块，极大地提高了管理效率。数据在设计、生产、施工各环节的共享以及模型的复用，提高了管理人员工效。通过构件追溯将实际进度及时反馈给公司领导，提高领导掌控全局和控制风险的能力。智慧工地设备的应用，有效减少了资源浪费等问题。目前智造平台已经在中建科技百余项目上应用，在管理人员减少、工效提升、工期节约、资源浪费、风险控制等方面取得良好的经济效益。

价值2：由于装配式建筑同时具备传统建筑业和现代制造业的特征，对装配式基于"设计、生产、装配一体化"和"建筑、结构、机电、装修一体化"管理理念具体落地的抓手工具尚未有成熟经验，装配式项目EPC管理效率有待提升。中建科技通过在内部项目推广智造平台，促进项目及公司各级管理人员思维方式向产品化、数字化思维方式转变，以数据赋能为抓手推动解决"执行难"的问题，为装配式建筑EPC项目的管理模式提供借鉴，为国家装配式建筑的推广起到很好的示范作用。

问题1：存在业务系统与业务场景"两张皮"的现象，存在部门业务系统的建设通过购买标准产品＋二次开发的模式。而标准产品在设计时，对业务场景的假设与本公司业务场景存在匹配度不足的情况，往往只站在企业级管理的角度上，对现场管理过程考虑不足，造成管理过程与实际应用场景背离。同时还存在各二级、三级企业管理模式、颗粒度不同，管理制度中的表单流程不同，让不同的基层单位，适应上级单一的管理模式，造成"两张皮"的问题。此外还存在"智慧工地"与"数据底座""两张皮"的现象。目前智慧工地更多的是停留在硬件设备的"简单智慧"，通过IoT、BIM、大数据、AI等核心技术对实时采集项目现场真实、精准的成本、进度、质量、安全等数据还有很多不足，距离使管理决策从"业务驱动"向"数据驱动"转变还有一定的距离。

问题2：存在数据治理与数据应用"两张皮"的问题，数字化转型最核心的就是数据，数据治理的本质是对数据的标准性、可用性、完整性和安全性的整体管理。但数据治理和数据标准化工作中，企业内部对各业务管理线条在数字化转型中所承担的责任没有达成明确共识，缺乏相应的考核机制，各级业务部门参与度有待提高，无论是数据标准制定、应用逻辑建模，还是系统落地实施，距离形成广泛明确的共识还有一段路要走，这些都导致数字化应用效果不显著。

建议1：建筑业企业进行数字化，一定要脚踏实地找准切入点，不能为了用而用，要根据自身特点，明确战略目标、业务导向，在哪些业务上打造竞争力，进而实现数据驱动战略目标的实现。在执行层面，要根据自身实际情况，明晰现状，"自上而下"与"自下而上"相结合的方式进行规划,各级充分沟通，达成共识，并且要有具备丰富经验的专家带队，将规划做实，避免概念化。

建议2：对建筑业企业而言，数字化转型分为三个维度：生产维度、管理维度以及生态维度。生产维度是项目层的数字化，即项目的设计、生产、施工、运维过程的数字化。管理维度企业级的数字化，通过应用在生产过程中采集的大量信息实现管理的数字化。生态维度是产业数字化，将产业链上下游的合作伙伴融入整个价值体系中，重塑整个生产管理价值网络。一是必须认识到项目层的数字化是最基础、最核心的内容。只有实现了项目实体数字化、生产要素数字化以及项目全过程数字化，才能从根本上实现项目现场作业的可控、项目指挥的高效及企业决策的精准。二是企业管理必须是公司层、项目层齐抓共管。建筑企业往往已经建立了财务管理、商务管理、进度／质量／安全等项目管理系统、人力资源管理等企业级管理系统,但经常出现企业与项目之间信息不对称,造成管理效率低,要打通两个层级的系统,技术层面上就要做好企业级IT架构,即应用架构、数据架构、技术架构的规划,并严格执行,实现企业项目一体化管理也是重塑产业生态价值的关键,也是形成生态系统,使数字项目与经营管理业务融合,将下游的合作伙伴融入整个系统中的基础。

A.7 中国建筑一局(集团)有限公司数字化转型应用情况调研

调研时间:

2022年7月14日。

出席调研人员名单:

中国建筑一局(集团)有限公司数字化管理部总经理:周志萍;

中国建筑一局(集团)有限公司数字化管理部副总经理:蒋圣平;

中国建筑一局(集团)有限公司数字化管理部助理总经理:丁潮华;

中国建筑一局(集团)有限公司数字化管理部助理总经理:刘强华。

企业基本信息:

中国建筑一局(集团)有限公司(以下简称中建一局)是中国建筑集团有限公司旗下的中央所属企业,公司员工数量逾3万,有全资企业和控股企业30余家,2020年全年新签合同额3320亿元。公司多年来深耕国内国外两个市场,统筹推进设计研发、投资运营、工程建设和创新业务协同发展。致力于成为集设计、投资、建造、运营为一体的高端专业运营商,为客户提供全产业链的高品质产品和超价值服务。

1. 企业数字化应用情况

中建一局的信息化建设总体可以分为4个阶段。第一个阶段:2003~2013年,主要开展部门级应用系统建设,实施了财务、资金、人事、OA、综合管控等支撑类系统的建设。第二个阶段:2014~2017年,聚焦项目现场管理,从全局层面开展了质量安全检查、劳务实名制、物资计量称重等系统的建设,在规范化管理、降本增效方面取得了一定的成效。与此同时,也开展项目合同、物资管理的系统建设,但都是一些散状的应用,数据不全,无法集成,还不能有效支撑企业的管理运营。第三个阶段:2018~2020年,信息部以精细化管理、高质量发展为目标,以"1135"战略体系中大平台建设为核心,开展了中建一局的信息化整体规划,制定了"1+4+N"蓝图规划,即1个数据集成与应用分析中心,4个平台,即综合项目管理平台、资源管理平台、智慧工地平台、财务一体化平台，以及以供应链管理为核心的 N 个系统，如资信管理、金融管控、资金风险防控、电子签章等，提出了信息化建设"降成本、提效率、防风险、助决策"的总目标。第四个阶段：2021 年至今，制定了"十四五"数字化专项规划，根据专项规划，结合中建一局新业务发展的需求，制定了"数字化业务"与"智慧建造"两项专项规划，在赋能企业传统业务的同时，打造企业数字化转型的新赛道，目前各项工作正在有序推进。

数字化转型投入方面，近三年公司数字化建设总投资达上亿元。

数字化管理组织机构建设方面，中建一局数字化建设的最高决策机构是"数字化与网络安全领导小组"，董事长为组长，成员由党组成员组成。下设工作小组，董事长为组长，总经理为常务副组长，成员包含各业务部门主要负责人。成立了数字化管理部，由总经理直管，工作小组办公室设在数字化管理部。目前全局有近百名数字化专职人员，300 多名 BP 组成数字化建设团队。

2. 企业数字化应用特征

中建一局的数字化开展较早，并且得到了局一级领导班组的重视与大力支持，公司 CIO 以及数字化团队有着丰富的零售业数字化应用的成功经验，并且对业务非常了解，做到从业务层面上统筹数字化建设规划及路径。其核心是通过数据驱动业务实现价值提升，主要体现于工程项目的过程管理精细化，生产过程的降本增效，以及建筑产品的提质。通过统建大数据平台，数据库、数据中台、数据应用平台的能力建设，实现数据集成和数据治理，用数据逻辑赋能业务综合决策。集团拥有项目管理、财务管理、智慧工地、资源管理 4 个平台，在 N 个业务条线及场景进行应用，为企业的集约化经营保驾护航。

中建一局以"业务数字化，数字业务化"为企业数字化转型的重要手段，按照"1+4+N"的蓝图规划，以核心业务项目管理为数字化转型的切入点，自主搭建基于敏捷开发平台的主营业务管理平台 - 企业级综合项目管理平台，融合市场、人力、生产、商务、财务、资金、质量、安全等核心业务板块，对内覆盖项目 - 分公司 - 公司 - 集团多层架构、对外覆盖客户、供应商的全流程管理。通过三年多的迭代、优化、升级，目前已实现项目管理业务的全功能覆盖，从业务线上化走向业务与系统深度融合，日均活跃用户 8000 多，日均推送待办 11200 条以上，成为各业务条线在工作中不可或缺的工具；搭建资源管理平台，提升一线资源配置效率，为一线提供资源支撑与知识服务；推进智慧工地新技术的应用，75% 的项目已经在现场应用了劳务实名制、质量安全检查、视频监控、物资计量、环境和能耗等智能化管理应用，提升了项目基础管理的水平；布局支撑体系数字化建设,上线财务、资金、税务一体化系统;在此基础上开展以供应链为核心的风险管理、信用管理等系统建设。在系统建设的同时,中建一局积极开展数据治理,搭建了基于互联网架构的大数据平台及数据中台,开展数据集成、数据共享与数据应用,目前已形成11大类百余个小类的数据资产,为11家子企业提供主数据、商务、财务、人力、劳务等120余项数据服务,为总部各部门提供21个分析主题的310多张报表,打造集团级作战指挥中心,实现总部、子企业、项目的三级联动,企业运营逐步智能化;建立项目画像、业主画像、供应商画像、劳务工人画像等多主题画像系统,在项目风险管理、客户关系维护、资源选择、人岗匹配等方面辅助业务运营科学决策。目前,中建一局总部及子企业的3000多用户日均查询5000余次,累计查询360余万次,用数据驱动业务,赋能企业运营的同时,也为激活数据资源、释放数据要素价值夯实了基础。

3. 企业对数字化价值的认知及面临的问题和建议

价值1:通过数字化建设,中建一局实现了标准化与信息化的深度融合,用数字技术手段保证流程与制度的落地,促进流程优化,规范管理行为,优化资源配置,降低项目与子企业的管理离散度,提升了大区域、大跨度下管理受控能力,降低管理成本。

价值2:通过数字化建设,实现业务、财务、税务、资金、人力、客户、采购等的业务互联和数据互通,打破数据壁垒,促进业务协同,提升管理效率。

价值3:通过数字化建设,对项目及企业的关键管控环节以事前防范、事中管控、事后分析的方式进行风险管控,最大限度地防止风险发生,提升企业风险防控能力。

价值4:通过数字化建设,开展数据治理,实现了纵向打通管控链条,横向促进业务协同,以数据穿透管理,以数据支持决策,改变项目及公司的管理方式,数据作为全新的生产要素驱动企业科学管理。

问题1:数字化思维与意识的问题。企业数字化转型涉及企业组织、管理、流程、生产、产品等方方面面,背后更是运营模式、责任体系、权力体系的重构,各级业务主管人员要把数字化当成自己的事儿来做,要有跨部门的协同意识,在数据上要有开放意识,在绩效上要关注的不是我上了什么系统,而是通过系统应用取得了哪些效果、收益。

问题2:复合型数字化人才问题。数字化部门还不能成为企业主流的核心部门,而企业外部数字化人才抢手,这种外热内冷造成无论从薪酬、职业前景等各方面很难招聘到高端人才，导致数字化人才长期匮乏，特别是懂业务、懂技术与管理的复合型人才更是难上加难。

建议1：政府及专业的数字化厂商要联合加大对企业数字化转型的宣贯与推动，在内容上要有行业的针对性，既能从高处着眼，系统性地描绘数字化转型的愿景，也能瞄准行业的主要问题，切实解决行业问题，可以扎实落地。

建议2：要关注企业数字化转型团队的建设。在企业内最好要有数字化背景的高层管理人员从事数字化工作，有系统架构的思维，对整体业务有较为深入的了解，能从全局而不是拘泥于某一条业务线通盘考虑，然后配备一支由IT、CT、业务、管理、施工技术各方专家为一体的高水平、创新型、复合型团队，在领导班子达成共识的基础上，在"一把手"的授权下，明确目标，清晰路径，才能有效开展企业的数字化转型。

建议3：要关注数据治理，打造数据应用能力。在数字经济时代，数据量、数据的及时性、准确性、多样性、价值都凸显特性。在企业数字化转型过程中，企业不仅要构建对数据的感知和获取能力，还要积极开展数据治理，打破数据壁垒，确保数据的及时性、准确性、有效性、完整性、一致性。在数据治理的基础上，构建数据的应用与服务能力，只有通过全面的大数据运用，挖掘数据潜力，才能真正带来质的飞跃。

A.8 五矿二十三冶建设集团有限公司数字化转型应用情况调研

调研时间：

2022年7月14日。

出席调研人员名单：

五矿二十三冶建设集团有限公司党委书记、董事长：宁和球；

五矿二十三冶建设集团有限公司首席信息官、信息管理部总经理：邹健。

企业基本信息：

五矿二十三冶建设集团有限公司（以下简称五矿二十三冶）是隶属于央企中国五矿集团有限公司的一类骨干子企业。公司2021年营收279亿元，自有员工4600余人。目前在建项目360个（房屋建筑工程208个，工业工程40个，公共建筑工程49个，矿山工程36个，市政工程24个，公路工程3个），在施项目主要分布在湖南、湖北、广东等省份。公司拥有冶金工程施工总承包特级；建筑工程、矿山工程、市政公用工程、机电工程施工总承包壹级；钢结构工程、地基基础工程、环保工程、建筑装修装饰工程、建筑机电安装、消防设施工程专业承包壹级；公路工程、电力工程、石油化工工程施工总承包贰级等资质，并荣膺对外援助成套项目施工任务 A 级实施资格。

1. 企业数字化应用情况

公司于 2002 年启动信息化、数字化建设。第一阶段：2002～2012 年，2002～2007 年公司开始应用网络技术，开始应用单机版数字化应用；2007 年，五矿二十三冶上线协同办公平台；2010～2012 年，五矿二十三冶开始比较全面的信息化应用，主要应用领域包括财务、档案、人力资源等管理。第二阶段：2012～2016 年，2012 年公司制定信息化规划，按照一个系统、一个流程、一个标准，开始尝试企业自主选择和探索。2014 年，上线 ERP 系统，信息化开始做标准化；2015 年，建立模块化机房；2016 年，成立 BIM 中心，启动 BIM 项目建设和实施。第三阶段：2017 年至今，2017 年董事长提出"集成共享，数字驱动"的数字化战略思想；2019 年开始自主研发流程效能监控、智慧建造等系统，并获得软件著作权；建立企业数字化标准，形成数据中台雏形，并开始搭建财务、人才业务中台。

数字化转型投入方面，自 2013 年上线 SAP-ERP 以来，公司在数字化建设方面已经投入过亿元。近三年，每年信息化投入不低于 600 万元。

数字化管理组织机构建设方面，集团公司董事长直管数字化工作，常设信息管理部专职 23 人，首席信息官兼任信息管理部总经理。信息管理部职责涉及 IT 需求规划及考核、IT 基础设施管理、IT 建设、IT 运维、BIM、智慧建造六个方面。

2. 企业数字化应用特征

第一，五矿二十三冶数字化建设起步早，起点高。依托央企经济、人力资源和科技投入实力等平台，较早开始企业信息化和数字化工作，并且得到"一把手"的高度重视与大力支持，近十年企业 CIO 一直持续专注于该项工作。数据标准化、系统集成化、业财一体化，实现了成本的透明化管控。并在项目建设过程中培养了内部专家，实现了知识转移，在企业内部构建最终用户、关键用户、内部顾问的三级运维支持体系。每年直接帮集团公司节省系统运维费用 200 万元左右。

第二，善于摸索总结，形成自有体系，创新 ECO 新模式。五矿二十三冶数字化转型强调"以我为主，应用为王"，始终坚持自主创新，形成了"设计—研发—运营一体化"的 ECO 新模式，即以业务需求为导向，以整体规划、自主设计为主导，内外结合，建立数字化平台和系统建设的"共生共赢"生态体系。节约了成本，提升了能力，提高了效率。通过与多系统间的集成，构筑了1个整体架构、6大主题、23个系统、72个模块、13个移动应用的企业运营管理数字化支持体系。

第三，打造了以"控、知、管"为主线的业务应用体系。形成了以"ERP+BIM+智慧建造"为主体的信息化、数字化、智慧化整体架构，以"知、管、控"为主线的业务应用体系。知为基础，BIM深化应用，为项目提供全过程数据源，实现多专业、多业务可预、可知的数字化管理。同时积极探索"BIM+"与智慧人资、智慧财务、EPC等领域的融合应用，在数字化交付应用上取得一定成效。管为手段，编写省级智慧建造团体标准，对应标准自主研发智慧建造云平台，具有完全知识产权及应用推广价值，逐步形成了以标准为核心，以平台为基础，以现场应用为方向，以推广落地为目的的四位一体的智慧建造模式，实现施工管理与物联网的深度融合。控为目标，上线ERP系统实现项目成本的透明化管控。上线资金监控系统，利用信息化手段对企业内部资源进行统筹、统计、分析，集团信息化进入决策分析层面。

3. 企业对数字化价值的认知及面临的问题和建议

价值1：建立企业内部标准，形成企业数据中台。编制了企业内部建安数字化标准，并已成为中国五矿集团有限公司的建安业务数据标准。2019年建立了企业数字化标准，逐步形成了数据中台的雏形，2021年通过建立主数据管理平台，实现了主数据的标准化、规范化管理，整合各业务系统主数据并在主数据管理平台中治理后分发，为各业务系统提供可靠的数据来源。

价值2：提高项目工程效率，降低公司整体运营成本。数字化转型支持企业运营模式升级，在提高项目工程质量、安全、进度的同时，降低集团公司整体运营成本。通过用BIM协同平台与业主、设计、监理、各施工单位多方联动，极大地提高了协调沟通效率，节省建造成本和周期。智慧化运维推动项目管理模式变革，满足多方管理诉求，提高工程建造的生产力和效率。通过智慧建造，实现建筑施工管理与互联网的深度融合，利用集团、子分公司、项目三级管控模式，实现现场作业人员、项目管理者、企业管理者之间的良好协作及精细管理。

问题1：在数字化转型过程中，行业存在过多干预或伸手过长的问题。部分地方行业主管部门指定智慧工地设备采购供应商，地方监管平台数据不共享，不回传给企业，形成政府方强推、企业方排斥、施工方应付的局面，导致地方监管无评价、企业投入无产出、项目采集数据无应用。

问题 2：数字化转型主体在企业，存在"剃头挑子一头热"的问题。数字化转型的推动在行业，而转型主体在企业，但行业在强推信息化的过程中，对所管控的边界不清晰，导致行业与企业协同性不够，且建筑业企业标准化程度不高，施工作业人员的信息化水平不够，实现数字化难度较其他行业大。

问题 3：相关资金费用在政策上缺乏支持。目前智慧工地、BIM 是政府强推项目，特别是每个项目必须配备智慧工地劳务实名制、视频监控、扬尘监测等，且数据要上传至地方监管平台。但这部分费用投入缺乏政策方面的支持，没有明确智慧工地费用计取方式，对于规模小、利润薄的项目无疑增加了较大的成本投入。

建议 1：行业引导。在数字化转型过程中，行业应发挥引导作用，不能过多干预，建议行业主管部门控管要平衡，行业是站在监控、评价的角度，目的是指导建设、监管建设、评价建设。监管平台要以开放共享的形式，实现信息互联互享，实现设备集成共享，实现地方标准统一，为企业提供基础数据支撑、设备对接支持。

建议 2：标准先行。在数字化建设过程中，标准一定要先行，否则后期数据难以打通。企业内部要统一数据标准，规范数据源头，做好多系统数据集成；行业主管部门要规范监管要求，出台应用评价标准，发挥数据利用价值。

建议 3：共同推进。企业是数字化转型的主体，行业是数字化转型的驱动力，行业主管部门、建设单位要一起推动，BIM、智慧工地等数字化应用工作应该由业主、地方政府提出要求，并且费用方面要从政策上列项加入安全文明施工措施费内，特别是智慧工地建设费用列支要增加政策说明，明确纳入科目和计取方式。

A.9 北京建工集团有限公司数字化转型应用情况调研

调研时间：

2022 年 7 月 23 日。

出席调研人员名单：

北京建工集团有限公司信息管理部副部长/智能建造中心副主任：杨震卿；

北京建工集团有限公司智能建造中心数据资产管理部部长：刘京海；

北京建工集团有限公司智能建造中心数据资产管理部副部长：赵巍；

北京建工集团有限公司智能建造中心数据资产管理部数据治理技术负责人：孟京伟。

企业基本信息：

北京建工集团有限公司（以下简称北京建工）是北京市市属大型国有企业，年产值超过 1200 亿元。目前业务已覆盖全国 32 个省市和境外 28 个国家及地区。公司拥有建筑工程施工总承包特级资质、市政公用工程施工总承包特级资质、公路工程施工总承包特级资质。

1. 企业数字化应用情况

北京建工信息化过程可分为三个阶段：打基础阶段（2016 年）、全覆盖阶段（2017～2018 年）、促升级阶段（2019～2020 年）。目前，根据标准化和内控管理工作计划，完成了制度体系的梳理；五统一的数据中心运行机制完整构建，对数据中心底层架构及运行机制进行了再优化，打通了业务管理链条；从项目招标到中标立项，从合同签订到施工、技术、安全、质量、项目经济指标管理、财务核算等项目关键要素的系统管理架构已基本建立；安全质量隐患排查体系建设与推广全面启动；智慧工地创建工作取得明显成效。

数字化转型投入方面，2019 年信息化总投入 4658.2 万元，其中软件费用投入 938.4 万元；2020 年信息化总投入 28763.6 万元，其中软件费用投入 7421.82 万元；2021 年信息化总投入 16714 万元，其中基础设施投入 1220 万元、硬件采购投入 1803.89 万元、软件采购投入 3243.55 万元、系统建设投入 3376.23 万元、运维投入 835.7 万元、网络安全投入 1337.12 万元、数据治理与综合应用 2005.68 万元、产业链与生态合作伙伴投入 501.42 万元。

数字化管理组织机构建设方面，集团及各二级单位均设立网络安全与信息化领导小组，领导班子成员担任集团 CIO。集团信息管理部是信息化工作统一归口部门，二级公司均设有信息化主管部门，配置信息化工作相关岗位和人员，集团在施的各个项目的项目经理均是本项目信息化第一负责人，同时均设置专、兼职信息员，负责信息化具体工作。集团总部信息化编制 8 人。

2. 企业数字化应用特征

北京建工"十四五"期间将全力打造"融、通、智、信"的"数字建工"。"融"即组织融合、管理融合、技术融合；"通"即业务互通、数据互通、产业互通；"智"即智敏人才、智能建造、智慧运营；"信"即信用体系、信创产品、信息资产。为实现这一目标，北京建工已开展"筑鼎工程"。

"筑鼎工程"的实施需要企业全体员工的共同参与，更是"一把手"工程，离不开企业管理层的支持与把控，一直以来北京建工的企业领导层都对企业数字化转型任务高度重视，信息化部门负责人具有高水平的数字化认知，因此企业信息化、数据化建设具有系统的顶层设计、明晰的建设思路和建设模式，规划中明确以"标准主导、数据驱动、同创共享、自主可控"为原则，依靠智能建造推进数字化转型落地，以"提升效益，提升效率"为目标、工业化为主线、标准化为基础、建造技术为核心、信息化为手段，重点实施"管理信息化""智能建造""数据资产管理"三大方面的工作。

3. 企业对数字化价值的认知及面临的问题和建议

价值1：数字化解决的是企业能力规模化的问题、解决效率和成本问题。北京建工目前要想快速降低企业经营与管理成本、提升效率效益，亟须突破"三大障碍"，即：基础管理难提高，不匹配发展需要；组织效率难提升，拖累发展步伐；传统商业模式固化，难以短时间内突破。而这三座大山经过多年来的研究实践，必须依靠数字化解决，以流程和组织变革为基础，最终实现商业模式升级与变革。

价值2：数字化对于中等企业至关重要，必须在行业转型爆发点之前做好准备。数字化转型势在必行，这是攸关企业未来的生存危机，同时也是企业脱胎换骨、弯道超车的大好良机。在国家政策层面与行业顶层设计多管齐下，政府和大型企业协同发力，上游供应商不断优化布局抢占市场的今天，以往被认为是"危言耸听"的那个爆发点已经临近，是危机还是良机就看能否摆脱旧有观念，拥抱数字化变革了。

问题1：拥有全域数据，非结构化数据多，尚没有明确的用法。初步接触生产管理大数据的数字化转型企业，在面对忽然涌现的各类数据时，基本会手足无措，尤其是业绩、档案、施工现场的各种图像、音视频、三维模型、空间与地理信息等非结构化数据，难于辨别梳理，难以分析管控，难免找不到应用场景，那就无异于垃圾数据，还浪费资源，徒增基层负担。

问题2：数字化专业人才紧缺（数量、能力），设计、施工与IT的复合型人才较少，现在正加强对原有信息化员工的培训以暂时填补空缺，但还无法满足业务缺口。数字化专业人才基本不会主动向传统建筑行业的地方国企求职，可能会流入上游咨询单位和系统供应商，企业人才缺口很大，不得不依赖供应商暂时提供运维支撑，但这不是长久之计，也与北京建工数字化转型"自主可控"的建设原则相违背。

问题3：数据安全问题，时刻提防机密泄漏、外部攻击等，现已完成等级保护制度和安全培训，但仍有不足，仍要提防数据安全风险。目前企业数据风险来自两个方面，一是"建工云"上漏洞修复不及时以及配置风险，二是内部机房安全策略风险。

问题4：寻找长期稳定的合作伙伴困难，担心专业厂商无法持续提供产品迭代，满足精益管理的需求。根据企业使用需求，每项产品都需要结合北京建工实际情况定制，因此供应商必须长期配合业务人员进行调研、确认和改进迭代，对厂商的专业性、配合度、团队稳定度、企业合作战略都提高了要求。

建议1：在信息化、数字化平台建设方面，"大一统"平台模式有待商榷，个性化系统更能充分调动各家优势。所谓"大一统"的平台僵化、迟钝，弊端太多，不利于产业链各级、各类型企业激发数字化转型内在动力，解决不了不同子企业间生产与管理模式差异化与个性化问题，一味逼压、看齐、套用总部管理要求，不考虑其本身疑难与问题，反而造成下级单位濒于应付、重复投入，浪费精力和成本在"交差"上，耽误子企业信息化发展规划路径，无法发挥各家优势。

建议2：在BIM价值评价方面，不算账对行业来说是犯罪，BIM应用的成本是再分配。对于BIM的应用成本，如果只考虑人力、时间与软硬件投入，那BIM成果必然也只是模拟、找错而已。一个完善的BIM应用场景，应当是在问题暴露后，对问题进行剖析，以全局眼光商讨资源的重新分配，找到最科学和最经济的解法。举例来说，在EPC项目中，与其让施工方反复拆改、洽商，不如在设计阶段直接优化方案，虽然增加了设计方的一些工作，但对项目来说明显获益更大。BIM的应用成本就是在反复发现和解决问题的过程中，通过仔细算账，权衡得失，寻找最科学的资源再分配思路。

建议3：数据驱动的边界要弄清，有用的数据才是资产，企业要深化数据资产应用和管控能力。数据资产管理部门不仅要筛选数据、看管数据，还要不断学习钻研问题数据如何处置，资源如何利用，质量和安全水平如何提升。同时不断挖掘业务结合场景，产生更有用的新数据，让有用的数据更有用，以及令垃圾数据变废为宝。

建议4：数字化成本较高，在费用方面相关部门应在政策、规定中列项。近几年相关部门在政策、规定中给出的划项不齐全或是太笼统，企业自身建设投入面对这些不确定尚可理解、调整，而工程项目中应对甲方数字化要求所必需的数字化投入一直是令企业和项目头疼的问题，一方面隔行如隔山，的确需要一定专业水平和经验应对，一方面甲方要求没有政策指导的约束，模糊、混淆甚至恶意曲解和设陷阱，大大增加了项目风险。

A.10 长春建工集团有限公司数字化转型应用情况调研

调研时间：

2022年7月26日。

出席调研人员名单：

长春建工集团有限公司副总经理：张洪旗；

长春建工集团有限公司副总经理：程怀军；

长春建工集团有限公司技术研发中心副主任：金恒垚。

企业基本信息：

长春建工集团有限公司是吉林省长春市市属大型国有企业。公司年产值50亿元，员工人数944人，在建项目91个，项目类型包括房建、市政、装饰装修和维修工程，在施项目遍及8省2个直辖市。公司拥有建筑工程施工总承包特级、市政公用工程施工总承包壹级等相关资质。

1. 企业数字化应用情况

长春建工集团有限公司（以下简称长春建工集团）于2008年启动信息化建设，2016年启动数字化建设。第一个阶段：2008～2015年，在这个阶段，公司大力推广BIM技术，使其成为集团技术创新的重要手段，大力引进相关人才，组建成立BIM小组作为集团的中坚力量。第二个阶段：2016年至今，公司大力推广智慧工地应用，提升项目整体精细化水平，设立智慧工地管理员、智慧工地实施员大力促进智慧工地应用，在多个项目中得到实践，成为集团监管各项目的重要手段，为集团的智慧化发展奠定了基础。

数字化转型投入方面，近三年来，长春建工集团先后在多个项目中进行数字化相关投入，累计达到200多万元，现阶段长春建工集团投入数字化相关人才5人，主要以现场管控、数字化监管为主，对集团的数字化发展起到关键性作用。

数字化管理组织机构建设方面，长春建工集团副总经理程怀军分管数字化工作，常设技术研发中心5人，其中智慧工地管理员1人、智慧工地实施员1人，其余为BIM技术人员。

2. 企业数字化应用特征

长春建工集团数字化建设的目的清晰，紧紧围绕项目管理和企业发展两个方面进行。在项目管理方面，已投入生产管理、安全管理、劳务管理等数字化应用，并为管理精细程度和管理效率方面带来价值；在企业发展方面，已开展对业务数据的采集与积累，根据业务需要可调用各条线数据，并进行关联，从而形成数据驱动相关性工作交互，产业链和流程的重塑。长春建工集团还担负了当地的行业数字化发展责任，协助进行长春市数字化监管平台的建设，梳理政府层面、业主层面、施工方层面的监管内容及监管方式，通过数字化方式实现高效监管及数据互通，从而提升整个行业的管理水平，是很好的尝试与探索。对于数字化应用所产生的费用和人才培养的投入方面，长春建工集团则是从集团层面统一资源投入，项目部和各业务部门无须承担，这种方式也更好地帮助企业在推行数字化应用过程中减少阻力。

在数字化应用中长春建工集团设有专门进行管理的工作人员，以保障数字化应用在企业中正常运转，同时可以对应用数字化平台的各个项目进行实时查看与管控。每年集团统一对所属各分子公司及总部人员进行专项的数字化应用培训，使集团所属各公司、各项目人员能够熟练掌握数字化应用技能，加快了集团数字化转型升级的步伐。

3. 企业对数字化价值的认知及面临的问题和建议

价值1：通过各业务条线的数字化应用，提升项目管理水平，降低项目运营风险隐患；通过数字化应用节约企业人员力量，使其更加高效地对施工厂区进行检查，节约时间和成本；通过加强各部门之间的衔接，提高运营效率，建立以企业为主导的运营模式；通过数据化量化的快速综合分析来辅助决策，通过计算机量化辅助决策，可以实现切片化的分析，并且可以对成百上千种结果快速计算分析；通过提高信息的运转效率和资金的使用效率，从而实现现金流的有效运转。

价值2：沉淀数据资产，为企业的持续良性发展提供更多可能性；拓展品牌形象，为企业打下良好的口碑；增加企业利润，为企业增加更多的收益；建立数字化人才，为企业数字化应用奠定了基础；精细化管理，为企业梳理了疑难杂症；数字化管控，为企业在诸多方面进行把关；数据的管理，为企业更加直观地找出问题所在；数字化的直观体现，为企业节约了大量的时间；信息、数字化的沟通，为企业提高了工作效率；实时的在线数据，为企业第一时间能够得到想要的信息。

问题1：数字化是企业管理需求，不是个人需求。一线作业人员还没有养成数字化应用的习惯，尤其是年龄大一些的人员，对接受数字化方式的工作有难度；对于企业管理人员来说，其个人的学历不同、水平能力不同，对数字化手段的应用普遍知之甚少，对其使用的手段技巧不熟练，造成对数字化应用的厌烦和不解。企业需要站在全局视角做好数据治理，需要技术扎实的IT人员和经验丰富的业务人员协力做好应用的规划。

问题2：缺乏统一的数据标准，各系统间数据打通不顺畅；调试中存在问题，找不到其数据或数据缺失；网络信号不稳定，造成传输数据不稳定；数字代码有误，造成平台卡顿等问题；数据不准确，没有实时上传显示数据，影响真实性；数据的类别有限，数据分类不清晰、模糊产生数据不确定性，影响企业对项目的判断；数据形式变化不一，数据的呈现形式不统一造成无法统计相关数据的准确性。

建议1：数字化不是万能的，不要为用而用。要和业务场景更好地结合，回归业务需求，才能发挥数字化应用的价值；要妥善利用数字化技术对企业进一步提升发挥作用，提升企业自主能动性才是关键所在；数字化要结合企业自身去发展，不要脱离企业本身，要和自身的属性进行融合，使其成为自身的一部分，才能够将数字化用好。

建议2：数字化应用要减轻一线工作人员的工作量，AI算法的提升，包括准确性、场景的适配性，都是行业发展中需要更多考虑的。现阶段数字化应用发展，企业应该先提升软硬件的配置，从软件的应用以及硬件的连接与匹配上入手，将自身的配置与性能保持高效。针对不同的应用场地进行专门的匹配和测试，以保证今后的运行中不会出现差错，可以准确无误地传输数据和现场的实时情况，可以更好地对项目进行汇总。

A.11　长春鸿祥建设工程有限公司数字化转型应用情况调研

调研时间：

2022年7月26日。

出席调研人员名单：

长春鸿祥建设工程有限公司总经理：李明远；

长春鸿祥建设工程有限公司副总经理：王继兴；

长春鸿祥建设工程有限公司副总经理：李新志；

长春鸿祥建设工程有限公司信息中心主任：吴世伟。

企业基本信息：

长春鸿祥建设工程有限公司是吉林省长春市的地方民营企业。公司2021年产值近10亿元，目前在职员工230人，土建在建项目5个，装修在建项目10个，市政在建项目20个，燃气在建项目242个。在施项目遍布吉林省内各地，在哈尔滨市、北京市也涉及工程项目。公司拥有建筑工程施工总承包壹级、市政公用工程施工总承包贰级、消防设施工程专业承包贰级、建筑装修装饰工程专业承包贰级、石油化工工程施工总承包叁级、钢结构工程专业承包叁级、建筑机电安装工程专业承包叁级及压力管道特种设备安装改造修理等多项施工资质。

1. 企业数字化应用情况

长春鸿祥建设工程有限公司（以下简称长春鸿祥建设）于 2021 年启动数字化建设，2021 年 4 月 26 日协同办公系统运行，2021 年 6 月 25 日项目管理系统运行，2021 年 7 月 24 日企业 BI 搭建完成并运行。

2021 年 4 月，智慧工地管理系统在两个土建项目试运行，通过质量管理系统、安全管理系统、生产管理系统、技术管理系统、智能监控系统对试点项目进行数字化普及，同时在企业内部开始进行 OA 系统的试运行。2021 年 6 月开始，在试点项目推行项目管理系统，对项目的成本数据进行数字化管理。通过项目管理体系的应用，将传统的数据集成到数字化管理的业务版块中，让企业能够更加直观地看到试点项目上的经营数据，同时还能够追溯到每一个数据单元的初始记录。

数字化转型投入方面，现阶段公司投入数字化建设管理体系软件系统、硬件设施已超 200 万元。

数字化管理组织机构建设方面，由公司高层主抓数字化建设，由信息中心负责对各个业务版块进行集中管理，使数字化管理体系从上至下逐步落实。

2. 企业数字化应用特征

作为地方民营企业，长春鸿祥建设在数字化的认知和建设方面都进行了较大的投入。企业由总经理主抓数字化建设工作，组建了一支由高层领导及各部门精英为核心的数字化建设推进小组，并且公司总经理相对年轻，对数字化的接受程度较高，在推行过程中取得了长足的进步。作为民营企业，长春鸿祥建设在数字化建设过程中可以高效决策数字化建设及应用路径，发现数字化应用问题就可以及时整改，这也体现出企业推行数字化的特点优势。通过数字化管理系统与企业自身原有管理模式的融合，发现现阶段企业管理体系中存在的不足，对企业管理进行深入研究，总结出一套具有鸿祥特色的管理体系。

目前，长春鸿祥建设在行政管理、财务管理、生产管理、安全管理、质量管理、技术管理等业务领域进行数字化应用，其中生产管理和安全管理的应用效果更加显著。现场问题可以通过手机端实时记录，实时查询作业标准、要求、规范，提升一线作业效率和管理水平。综合项目管理系统的建设，可以很好地基于数据提升经营与运营决策效率和准确性。企业管理者可以通过系统综合平台实时了解项目运营情况，同时还能够更加直观地了解企业生产经营情况。

同时将原有的线下审批业务转移至线上审批，大大提高了业务审批的时效性，从而提升了企业整体的工作效率。系统管理平台作为企业管理的开放型平台，为企业员工提供多套标准化管理的技术资料，其内容涵盖各专业领域，员工可以根据实际需求实时查看学习资料，提升专业技术能力的同时，使现场管理更加精细化、标准化、规范化。

3. 企业对数字化价值的认知及面临的问题和建议

价值1：各项目的管理水平参差不齐，通过各业务条线的数字化应用，可以很好地让项目管理水平达到一定的标准，从而提升公司项目管理的整体水平。

价值2：公司层面可以更加及时准确地收集各个项目全面的数据，这些数据可以更好地帮助公司决策层进行有效决策，提升企业整体资源利用率。企业管理层级多元化，导致各层级之间管理水平无法达到一个统一的量化标准，通过数字化管理系统的应用，使每个层级的参与者能够统一思想，将标准化的管理体系落到实处，落到基层，使企业管理深入到每个层级，使企业整体管理实现高度统一。

问题1：目前公司各个岗位对软件应用的深度和广度还不够，一线作业人员还没有养成数字化应用的习惯，尤其是年龄大一些的人员，对接受数字化方式的工作有难度。

问题2：公司各业务数字化系统数据端口不统一，希望能合成一个版块，实现数据间的互联互通。

问题3：对于建筑材料来说，每个区域的叫法不一样，没有统一的标准，不利于物资数据的积累与应用。

建议1：数字化应用资金方面，呼吁政府层面对企业有补贴政策，希望业主方在招标时能够对施工企业的数字化应用方面有一定的专项费用。

建议2：对于企业而言，数字化应用软件成本相对较高，建议软件厂商可以适当推出租赁形式的数字化应用系统，降低企业的经济负担。

建议3：一线作业人员对于软硬件的应用还处于接受过程中，未能形成习惯，建议软硬件服务商增强产品易用性的设计。

A.12 黑龙江省建工集团有限责任公司数字化转型应用情况调研

调研时间：

2022年7月27日。

出席调研人员名单：

黑龙江省建工集团有限责任公司党委副书记、副董事长、总经理：石新波；

黑龙江省建工集团有限责任公司总工程师：王威；

黑龙江省建工集团有限责任公司科技发展事业部BIM中心主任：韩国瑞；

黑龙江省建工集团有限责任公司科技发展事业部科技主管：范文亮。

企业基本信息：

黑龙江省建工集团有限责任公司（以下简称龙江建工）是隶属于黑龙江省的地方国企，有固定员工4900余人。公司年订单额约260亿元，年产值约170亿元。公司在建项目达324个（建筑工程274个，土木工程38个，机电工程12个），范围遍及全国。集团拥有房屋建筑工程施工总承包特级资质、建筑工程设计甲级资质、房地产开发资质、国际工程承包资格以及市政公用、公路、机电安装、钢结构工程等多项施工总承包和专业承包资质。

1. 企业数字化应用情况

集团于2008年开始启动信息化、数字化建设。第一个阶段：2008～2017年，集团全力推广项目管理系统，目标为全力实现企业信息化建设；第二个阶段：2017年至今，集团陆续应用项目管理系统、成本管理系统、财务管理系统、智慧工地系统、协同办公平台、人力招聘系统、经营一体化平台、BIM族库，目标为通过数字化应用提升企业、项目精细化水平。

数字化转型投入方面，近三年集团投入近1000万元。

数字化管理组织机构建设方面，集团总部下设14个机关部门，5个事业部，数字化转型工作主要由科技发展事业部推进、其他部门协助。集团总经理直管数字化工作，数字化转型工作领导小组统揽数字化转型工作，各业务条线负责人主抓本业务数字化应用落地，依据数字化转型规划及系列管理制度，提升战略控制和管理能力。

2. 企业数字化应用特征

集团正处在由传统的建筑企业向"科技建工、数字建工"方向发展的阶段，迫切需要更新经营理念、优化业务流程、创造商业机会，全面提升企业治理能力，在龙江建工整体的数字化规划下逐步延伸和深化数字化转型，助力实现创新创誉创效型企业建设。

其主要特征有：第一，"一把手"高度重视，龙江建工由总经理亲自主抓数字化工作，总工程师负责落实，规划科技发展事业部，为数字化工作顺利推进提供组织保障。第二，企业明确数字化核心价值，清晰数字化建设思路。价值即实现流程的标准化，实现企业对项目的终极管控，在业务与数字化互相促进中最终实现效率效能提升；思路即首先摸索挖掘应用场景，其次向一线总结价值，然后样板先行，最后到全面推广。第三，数字化在龙江建设的企业层、项目层及企业对于项目的管理中均有全面应用。在企业层，实现基于数据的业财一体化管理；在项目层，技术管理、生产管理、成本管理等业务线条均已实现数字化应用；在项企联动方面，逐步实现基于数据的项企一体化管理。第四，龙江建工重视BIM技术的推广，并把BIM当作技术管理的工具，目前企业正推进BIM的自主可控和逐步替换，国产轻量模型的应用已有一定进展，过程中更加关注应用细节，BIM模型指导现场施工、放线机器人是主要应用点；从应用规模来看，龙江建工在建工程100%应用BIM技术，已完工工程正逐渐形成BIM模型。

3. 企业对数字化价值的认知及面临的问题和建议

价值1：数字化应用有助于企业管理规范的升级，提升效率效能。数字化应用快速解决了企业跨部门沟通复杂、效率低；企业各部门之间信息割裂、不共享流通；数据分析体系缺乏，领导决策困难；项目资料繁多难查找、难留存；审批时间长等管理难题。数字化转型赋能企业业务发展，助力项目提质增效，对提升企业运营管理效率、智能化支持管理决策具有重大意义。

价值2：数字化应用为项目进度、质量、安全提供了有力保障。建筑工程施工数字化管理的应用，驱动引领建筑工程目标管理、质量管理、进度管理、投资管理、安全管理和合同管理发展，成为施工管理工作不可或缺的重要环节。通过后台大数据计算、云计算、人工智能等手段，对企业资源进行高效优化配置和资源整合，对在建项目的质量、成本和工期等关键指标进行精准控制，对"人、机、料、法、环"等关键因素进行实时管理，使精益管理的理念落地并获实效。建筑业企业积极应用数字化管理，保证建筑工程施工管理工作顺利开展，进而提升企业精细化管理和现场精准化施工的能力和效率。

价值3：数字化应用有助于实现企业的业务互联、数据互通、可视化监控、数据化分析，实现全产业链上企业与企业之间的协同，包括企业间数据协同、资源协同、流程协同，从而使资源得到优化配置。通过数字建筑打造的全新数字化生产线，让项目全生命周期的每个阶段发生新的改变，将在实体建筑建造之前，衍生纯数字化虚拟建造过程，未来实体建造阶段和运维阶段将会是虚实融合的过程。

问题1：虽然推进数字化是"一把手"工程，但个人数字化意识的建立还有一定难度，人员自身的工作习惯和现阶段数字化应用繁琐，基层增加工作量的矛盾也一定程度上形成阻力。企业的战略制定仅局限在小范围内，全员意识以及对数字化转型的认同度不高，部分人员的专业素养还需进一步提升，且受传统行业影响，思维相对固化，自身意识难以满足数字化转型的需求。

问题2：既懂业务又懂数字化的复合型人才缺乏，人才招聘和培养难度都很大。目前，建筑业数字化转型中的数字化人才缺乏也是数字化转型过程中面临的重大挑战。住房和城乡建设部早在2015年就提出要用BIM等数字化手段助力工程管理，但是行业缺乏同时掌握数字化技术和建筑专业工程技术的高质量复合型人才。在人才培养方面普遍存在缺乏数字化人才标准，人才培养方向不明，培养模式与产业战略缺乏协同等问题。

问题3：在数据的互联互通方面，业务条线间数据共享、软件平台数据打通、政府平台数据融合还存在一定问题。根据以往分条线的管理惯性，导致企业众多管理系统林立。系统不贯通，数据转换难、数据集成难、数据交互难，未能实现管理协同、提质增效。经营数据、商务数据、工程技术数据以及财务数据的贯通是企业数字化转型的关键。

问题4：随着数字化应用范围的扩大，一些应用场景的二次开发不断增加，软件商提供符合企业自身特点的服务有难度。建筑业数字化发展尚处于起步阶段，投资、设计、施工、监理、运营维保等各单元之间的数字鸿沟问题以及产业"碎片化"与"系统性"的矛盾依然十分突出，缺乏一个涵盖项目规划、设计、施工、运营和维护的集成平台，各方资源还不能完全共享，很难达到协调一致。

建议1：搭建各参与方共同的BIM数据协同平台，确保建筑工程全生命期内BIM信息无障碍地沟通，实现目标系统的联动性，如果有数字化交付的要求，有一定取费标准，可以增加积极性。行业缺乏对BIM应用路径的系统性梳理，缺少应用场景。BIM技术在建筑工程全生命期的系统化应用是以现代化的信息技术为基础，以信息化的管理思维为导向，以开发利用建筑工程项目的信息资源为核心，以工程项目信息的收集、传递以及处理过程的规范性作为保证，由建筑工程项目各参与方一起努力，涉及建筑工程全过程、全方位的系统性工程，最终实现信息的集中存储及管理，减少信息遗失，确保建筑工程各阶段各参与方之间的信息在传递过程中确保准确性与及时性,打破信息孤岛弊端,提高建筑工程项目管理的效率和效益,进而促进 BIM 技术在建筑工程项目应用价值的最大化。

建议 2：希望有关部门推出建筑业数字化建设相关制度或技术标准,结合当下建筑行业发展现状,制定行业数字化转型的协议与规范,有关部门统一要求,设立打通硬件终端与数字化平台的数据标准接口及统一准则,协调各方资源,避免重复投资。

A.13 中国建筑第七工程局有限公司数字化转型应用情况调研

调研时间：

2022 年 8 月 3 日。

出席调研人员名单：

中国建筑第七工程局有限公司首席信息官、信息化管理部总经理：尹超。

企业基本信息：

中国建筑第七工程局有限公司（以下简称中建七局）是央企中国建筑集团有限公司旗下骨干成员企业集团。公司年经营规模 2000 亿元左右,员工超 3 万人,施工足迹遍布全国 20 多个省市,以及非洲、南美洲、西亚和东南亚等地区。公司拥有建筑工程施工总承包特级（暨设计甲级）、市政公用工程施工总承包特级（暨设计甲级）、公路工程施工总承包特级（暨设计甲级）资质,同时具有机电工程施工总承包壹级资质,桥梁、装饰、钢结构、公路路基、地基与基础工程专业承包壹级资质。

1. 企业数字化应用情况

中建七局于 2008 年启动信息化、数字化建设。近三年在数字化投入上呈线性上升趋势,2020 年全局投入约 890 万元,每年递增 20% 左右。信息化投入中,基础设施及网络信息安全约占 20%,业务系统建设占 50% ~ 60%,日常运营及管理占 20% ~ 30%。中建七局数字化应用遵循"统一规划、统一部署、统一实施"原则,全局 30000 余员工统一使用中建七局统建系统。

2. 企业数字化应用特征

中建七局的数字化建设得到领导班组的重视与支持,企业成立网信工作领导小组,由"一把手"担任领导小组组长,统筹负责中建七局数字化建设工作。企业 CIO 为跨行业的专业人士,对于数字化有深刻的认知,企业转型视角更加宏观、独特。局总部设立信息化管理部,并下设信息中心,实行信息化管运分离，IT 建设由中建七局统一规划、统一部署、统一实施，下级企业可根据自身发展需要，在不违反中建七局规划的前提下，进行自我创新；企业引入知名咨询公司参与规划，确定了以"全联结、全服务、全在线"为信息化建设目标的"1233 工程"，从全面性、系统性出发，为企业数字化转型做好顶层设计。

中建七局大部分信息化系统均为定制化，信息中心承接部分二次开发任务，目前完成市场营销系统（施工版块）、安全管理系统（股份公司智慧安全平台）、OA 系统、智慧建造平台（目前搭建平台基础，技术、质量和进度正在试点）、生产经营决策分析系统（报表统计、需求分析）、物联网平台、数据中台一期的建设，初步实现了主数据的归一、业务数据的汇总、经营数据的沉淀，为企业决策提供数据化服务。

中建七局党委、网信工作领导小组充分贯彻关于网络强国的重要论述，严格落实网络安全工作，以网络安全规划为指引，按照国家等级保护 2.0 要求，以三级等保为基线，持续完善网络安全基础设施建设，目前，中建七局自建数据中心（云数据平台，数据在私有云、业务在公有云）已拥有服务器集群 200 余台/套，运营业务系统 20 余个，为企业数字化发展奠定了坚实的基础。

3. 企业对数字化价值的认知及面临的问题和建议

价值：如今是数字经济的时代，企业的数字化能力将作为企业核心竞争力的重要体现。在这样的背景下，各大企业数字化转型的竞争也进入白热化，率先数字化转型成功的传统企业将在一段时间内进入数字化经济所带来的一片"蓝海"之中。当企业规模大的时候，部门比较多，涉及的专业也比较多。企业整体运营效率如何能够达到"大象跳舞"？这个时候企业数字化实现的价值就会比较大。数字化转型能够在标准化的基础上实现整个企业的均值化管理，在保证底线管理的同时，提升整体水平，对于企业发展将形成一个良性循环。

问题 1：数字化转型过程中缺乏复合型人才。数字化转型是业务和信息化的高度融合，所以对于人才的要求，既要掌握数字化方面的知识，也要精通企业的业务和运营，更要具备数字化的思维模式。反观各个行业内部，现有的人才大多是专业性人才，懂业务的缺少数字化认知，懂信息化的缺少业务逻辑，既懂业务又懂信息化的两栖人才少之又少。

问题 2：企业管理标准化程度低，要求不明确，虽然设有数字化转型组织，但随着人的变化，组织思想也在变化。数字化的前提是信息化，信息化的前提是标准化，标准化和信息化是两个相辅相成的体系。企业标准化程度低，信息化水平一定不高。所以，在数字化建设过程中，核心的建设目标之一就是企业标准化的建设。唯有建立标准以后，业务开展才会从人治转向法治，由法治过渡到数据支撑。

问题3：企业在数字化转型过程中，在人力、物力和财力投入方面还相对保守，资源的利用率不高。企业的数字化转型是一个过程，而在这个过程中该掉的坑一个都不会少。很少有企业想做"第一个吃螃蟹的人"，往往愿意作为跟随型，更想借鉴成功企业的转型经验，所以在人力、物力和财力的投入上相对保守，保持和头部企业在数字化转型上的差距在合理范围内，但是这又进入一个误区，因为没有一个企业的数字化转型之路是可以复刻的，没有投入创新，那永远都在试错。

问题4：数字化转型或数字化平台的收益很难直接量化，导致企业数字化转型的动力不足。数字化转型最终为企业提供的是数据辅助决策的能力，是在积累了一定数据的前提下，以数据的形式在宏观上帮助企业做出最合理的抉择。传统行业里，通过数字化转型或数字化平台直接为企业创造的经济收益微乎其微，数字化平台更多的是扮演辅助主营业务管理升级的角色，在没有明显的经济收益的前提下，大多数企业对数字化转型的动力明显不足，毕竟在微观层面上，投入与产出比较小的业务往往处于一个弱势环境中，从而形成恶性循环。

建议1：目前来看，建筑企业数字化建设前期过于注重底层平台的建设而忽略短期效益，但让业务看到短期效益十分关键，需找到重要的场景应用，长短结合。

建议2：建筑业在数字化转型中暂时缺少引领性政策。在现阶段，建筑业还没有形成一条贯通到底的建筑全生命周期（规划—设计—建造—运维）的数字化产业链，虽然信息技术、BIM、CIM已经蓬勃发展，在技术层面已经创造了条件，但是在整个行业内，仍然没有整合出统一的数字化产业链解决方案。未来建筑业要完成数字化转型，那就必须以实现建筑的实体产品与数字化产品（例如工程竣工资料实现电子交付、建筑BIM模型实现高精度还原）同时交付为目标，从而推进整个建筑业数字化转型进程。

建议3：数字化转型需要所有的平台具有方便、快捷的特征，才会更有利于数字化转型。数字化转型的核心在数据沉淀，而信息系统/平台是数据的载体，平台的易用性直接影响了用户的体验感。一个体验感不高的平台，用户使用的积极性将大打折扣，数据的沉淀也将无从说起。

建议4：公司在数字化建设及日常管理过程中，应建立流程管理委员会，改变随意改变流程或不遵守流程的现象。刚刚说到了数字化的前提是信息化，而信息化的前提是标准化。而企业的管理流程、作业流程便是标准化的重要体现。有了标准化的流程而没有相应的组织去督导执行，一切等于 0。人治大于法治的企业没有标准化可言。

建议 5：数字化建设过程中，定期向投资人汇报进展和取得的成果，以不断激励企业持续关注和持续投入。没有投资就没有回报，但是更重要的是没有回报更没有投资。企业要发展，每一笔投资就必须要有产出比。数字化建设在前期的产出比确实不高，但是大家要明白，数字化前进一小步，那是企业前进的一大步，我相信作为一名合格的投资人，每当看到企业数字化在不断取得成果并稳步向前的时候，会更加关注与加大数字化投入，因为这才是企业未来发展的方向。

A.14 河南天工建设集团有限公司数字化转型应用情况调研

调研时间：

2022 年 8 月 4 日。

出席调研人员名单：

河南天工建设集团有限公司党委副书记、副董事长、副总经理：李正文；

河南天工建设集团有限公司总经理：马丙珍；

河南天工建设集团有限公司信息中心主任：宋晨阳；

河南天工建设集团有限公司企业发展部经理：郑伦久；

河南天工建设集团有限公司财务部经理：白长河；

河南天工建设集团有限公司成本控制部经理：曾涛；

河南天工建设集团有限公司安全管理部经理：高新朝；

河南天工建设集团有限公司施工管理部信息化主管：贾富彬。

企业基本信息：

河南天工建设集团有限公司是由国有建筑施工企业南阳市建筑工程总公司改制后建立的民营企业，公司年施工产值约 30 亿元，公司现有各类专业人员近 1500 名，在建房建项目 70 个、市政管网及道路项目 10 个，桥梁工程 1 个。公司主要施工区域在河南地区，同时也开拓有河北、安徽、湖北、广东等区域市场。公司具有建筑工程施工总承包特级资质、建筑行业甲级、建筑装饰工程设计专项甲级资质、市政公用工程施工总承包壹级、水利水电工程施工总承包贰级资质等专业施工资质。

1. 企业数字化应用情况

公司自 2013 年开始全面部署信息化建设工作。2010～2013 年开始对建筑施工信息化管理进行调研、考察、探索，并开始储备、培养信息化人才资源。2013～2017 年开始全面部署信息化系统，同时上线了 HR、OA、项目管理及档案系统，目标为升特级及实际应用。2017～2019 年上线综合项目管理系统及推进业财一体化融合，目标为全面取消线下业务，以资金"倒逼"业务上线，以信息化促管理提升。2019 年至今，上线数字采购平台及安全智慧平台，基本完成信息化框架搭建工作，目标为以系统管控提升项目管理，降低项目成本、防范风险。

数字化投入方面，近三年公司信息化投入年均 200～300 万元，专职人员 5 人，兼职 50 人左右。

组织机构建设方面，集团公司副董事长直管信息化工作，公司总部设置信息中心，专职 2 人，负责信息化全面工作，各业务部门负责人主抓本系统信息化工作，分公司设置兼职信息管理员，负责分公司信息化工作。

2. 企业数字化应用特征

企业数字化建设工作属于"一把手"工程，对信息化、数字化建设必要性有深刻认识并强力推进。公司自信息化启动开始，董事长亲自体验并全程参与各系统汇报工作，先后由副总经理和副董事长挂帅，并坚持集团班子定期学习，提高班子对信息化、数字化的认识程度，从上而下推进信息化工作。公司自信息化建设开始坚持实施常态化人才培养，坚持制定年度、季度培训计划，并严格落实和考核，使信息化发展理念逐渐深入人心，将信息化渗透到业务管理的各个方面，重构了企业的管理模式和管理流程，重塑了企业人员的精细化管理理念。

明确数字化首先是管用，能帮助业务发展；其次要便捷，能提升效率。公司始终以"管用、便捷"为信息化建设理念，以提高工作效率、控制经营风险、提高管理能力、降低运营成本为信息化建设目标，主要解决项目管理标准化和精细化程度较低，企业无法及时、准确了解项目经营状况，项目的信息流无法和业务流打通等问题。

公司始终把项目管理的信息化作为企业信息化建设的重点和基础，遵循数据唯一性原则，确保源数据的真实性、及时性、有效性，以实现数据的标准化和集中管理，为企业自身管理标准化和成本标准化体系的建设奠定基础。

从建设现状来看，集团与子分公司处于分别推进状态，分公司在集团的平台下进行应用，子公司单独做数字化工作，子公司还未彻底形成数字化系统性建设思路。2019年以后，业财一体化基本实现数据贯通，成本管控方面数据的支撑还有不足，公司对数据的深入应用还有待探索。

3. 企业对数字化价值的认知及面临的问题和建议

价值1：数字化会为企业发展带来革命性变革，转变传统粗放管理为精细化、集约化管理，利用"互联网+"手段，推动业务管理在线化、数据化、智能化，为实现企业集约经营、精益管理、科学决策提供数据支撑，以数字化手段重构企业的管理模式和管理流程，重塑企业的核心竞争力，为企业高质量发展赋能。

价值2：数字化建设当前最核心的问题是要提升项目管理能力，通过信息化手段，在关键要素和环节上，能够代替人工审查和管控，同时公司层可以通过各种信息化手段实现数据的互通互联，加强对项目层管理工作的监督和管控。通过信息化手段能够实现管理数据的准确、实时、高效和互通，提高对项目各生产要素的管理能力。

问题1：企业数字化转型尚缺少战略性规划。目前国家对数字化建设站位较高，公司对于行业数字化远景有充分的信心，但是对于建筑业数字化转型方向和具体落地以及带来的效益没有深刻具体的认识，所以公司数字化转型有短期规划，缺少战略性规划。

问题2：企业有关数字化转型尚未建立系统性工作机制（集团公司有推进，子分公司处于游离或尚未推进状态）。集团公司下属子公司存在房地产、租赁、医院、物业、检测等不属于施工主业的行业，行业性质不同，部分子公司规模较小，推进信息化必要性不高，部分子公司建有自身行业的信息化系统，还存在与国企等单位合资的建筑公司，管理归属不在集团总部，因此对于子公司的数字化转型没有建立系统性工作机制。

问题3：系统之间有壁垒，数据无法有效对接。公司部分数字化系统分属不同的供应商，造成系统之间有壁垒，无法有效对接。同时，同一供应商的产品也存在各种原因，造成系统之间对接不完善，数据不能互相有效地快速传递。

问题4：项目管理尤其是基层和管理部门感觉增加工作量。鉴于建筑行业的特殊性和公司的历史，公司项目管理层部分人员年龄较大，对于电子设备熟练度不高，在信息化操作上有难度。同时由于项目以往管理行为不规范不全面、部分项目规模小但工作程序不减少等原因，造成部分基层管理人员和管理部门岗位工作复杂性有所提高，工作效率降低，感觉自身工作量增加。

建议1：企业信息化、数字化平台建设需要便捷、有效，满地开花、打深井式的建设并不适用。目前大部分建筑企业相信数字化转型前景美好，但鉴于资金投入和没有产生直观效益，只是随波逐流。企业要结合自身规模和企业管理机制，对标同类型建筑企业的数字化转型路径，关注行业数字化发展形势，建设适合企业自身的信息化体系，不能盲目投入，也不能守旧不变。

建议2：BIM全方位及贯通性应用，需行业或政策方面予以引导。BIM推行以来，更多的是施工企业在主导，而源头设计企业没有充分参与，同时由于产品的不同，数据信息传递有困难、难以流通。建议建立行业标准，便于信息数据的传递和信息标准的统一，同时通过政策引导，将BIM工作贯穿于建设单位、设计企业以及施工企业、分包企业整个建设任务全链条、全参与方，将BIM工作明确为项目建设成本，纳入工程建设的全过程，从设计源头开始确保数据的准确性、唯一性，真正服务于项目管理。

A.15 菏泽城建工程发展集团有限公司数字化转型应用情况调研

调研时间：

2022年8月18日。

出席调研人员名单：

菏泽城建工程发展集团有限公司副总经理、信息化分管领导：李松涛；

菏泽城建工程发展集团有限公司财务管理部经理：宋汐文；

菏泽城建工程发展集团有限公司企业管理部经理：刘化阵；

菏泽城建工程发展集团有限公司信息化中心经理：曹筱雅；

菏泽城建工程发展集团有限公司办公室副经理：万广明；

菏泽城建工程发展集团有限公司组织人事部副经理：张振；

菏泽城建工程发展集团有限公司建筑板块信息化关键用户：毕怀玺；

菏泽城建工程发展集团有限公司市政板块信息化关键用户：宋成立。

企业基本信息：

菏泽城建工程发展集团有限公司隶属于山东省菏泽市国资委，是市属一级国有企业。公司2021年营收近40亿元，员工1800余人，建筑施工板块在建项目中房建项目占比45%，市政项目占比45%，其他占比10%。产业布局全国各地，在吉林、陕西、浙江、海南、雄安新区等地区均有建设工程项目或控股公司。集团现拥有市政公用工程施工总承包壹级资质、建筑工程施工总承包壹级资质、钢结构工程专业承包壹级资质、建筑装修装饰工程专业承包壹级、工程设计建筑行业甲级资质、工程设计市政行业乙级资质和防水防腐保温工程、建筑幕墙工程、风景园林、城乡规划、城市及道路照明、设备安装等一批专业资质。

1. 企业数字化应用情况

集团从 2017 年开启信息化部署。第一个阶段：2017 年，集团人事、财务系统实现数字化，目标为构建规范的基础管理体系和集团管控体系，夯实基础，确保数据输出的规范性和一致性。第二个阶段，2018～2020 年，集团实行房地产成本管控和供应链管控，目标为上下游全面整合，提高工作效率，方便统一管理。第三个阶段：2021～2022 年，搭建集团级项目管理系统，多系统融合应用，目标为明确项目管控的关键环节和措施，实现标准化、精细化、集约化管理，提高部门间沟通效率，辅助企业健康、精益、高速发展。

数字化转型投入方面，集团从 2017 启动信息化建设至今，总体投入 1600 万元，当前信息化、数字化人力投入 50 人，其中全职 4 人，兼职 46 人。

数字化管理组织机构建设方面，集团成立信息化工作组，集团总经理任组长，集团副总经理担任副组长统筹信息化工作，设立信息中心承接信息化部署工作，组内成员包含各业务单位信息化分管副总经理，信息专员。在房建、市政板块，设有信息化部门，"信息化关键用户"角色，辅助信息化与业务深入结合工作。

2. 企业数字化应用特征

企业经营覆盖全产业链，企业发展与业务增长对于管理水平的提升提出了更高的要求。子公司信息化参差不齐，缺少统一的决策分析和一体化管理平台，不能为公司高层提供有效服务。企业领导层对于信息化、数字化建设高度重视，制定了信息化建设的总体目标，按照公司信息化发展规划要求，结合公司实际开展信息化工作。公司在信息化建设过程中，注重业务流程和各种标准的建设，为信息应用集成打下基础，为实现业务协同提供信息化条件。同时，结合实际情况，有序推进，加快构建核心业务应用。

企业以财务为切入点逐步进行信息化建设，逐步构建规范的基础管理体系。在财务、人力、供应链领域建立集团数字化系统，统一管控，实现地产开发、建筑施工等各板块业务的精细化管理，在全产业链条中，房地产、建材等环节应用程度最高。

充分考虑各业务板块专业信息化系统平台的特点，以两两集成的形式，将财务管理系统与综合管理平台、合同管理系统、融资管理系统、供应链系统、工程项目管理系统、HR 系统、房地产 ERP 系统等业务管理系统之间数据壁垒彻底打通，规避了单一系统平台对财务支撑力度不足的弊端，形成较为稳定的信息化合力，有效提升了业财管理水平。

其特点一是以业务为导向，制定基本数据编码标准。要打破异构系统的数据孤岛，必须首先实现统一的标准规则，采用相同规则的数据编码系统。数据编码需要满足业务部门和信息化的要求，命名规则交由信息化主管部门进行决定。二是以现实业务为基础，量身定做可实现的系统平台。在项目前期阶段，信息化中心深入项目场地，调研多个、多类型项目概况，制定适合集团公司本身各业务的单个信息系统或不同信息系统间的集成，以此满足公司各类业务的需要。三是以消除壁垒为导向，同时开放不同系统的交流互通。由于施工企业项目零散、沟通成本和难度较大的特点，于是决定所有系统同时上，这样避免了数据在系统中形成信息孤岛，也为后期系统集成时减少工作量奠定基础。

3. 企业对数字化价值的认知及面临的问题

价值1：对于管理和决策来说，信息化应用一定程度上促进了企业管理标准化，将企业内部的业务进行梳理，建立管理制度和落地办法，建立标准化流程，从而提升管理效率和效能；而数字化是以数据为导向，通过数据驱动管理和决策，通过系统性的智能分析和数据处理，为决策提供更加科学的建议。

价值2：对于执行层来说，信息化建设必不可少地需要人员手工录入大量的信息来保证管理层能看到数据，想看的数据越多，要上线的系统和录入的数据越多，导致执行层怨气很重；数字化的转型正好解决了这一问题，数字化的过程逐渐引入很多智能化系统和硬件，数据自动采集、自动汇总、自动处理分析，大大减少基层人员的工作量，认可度和工作效率显著提升。

问题1：数字化对人员提出了更高的要求，但受限于企业发展模式和高层数字化思路的快速转变，公司缺乏复合型人才培养体系，无法为企业人员赋能和提供良好的数字化氛围，导致难以支撑企业发展对于人才的需求。

问题2：现有数字化系统主要服务于领导层和业务，倾向于让领导看到业务数据，往往容易忽略员工的感受，而年轻化员工要求个性化体验和高速便捷，需要完善数字化软件为员工赋能。

问题3：数字化应用初期，执行层面员工认知不到位，面对庞大的系统存在抵触心理，因为系统数据逻辑性较复杂，推行存在阻力，需要很长一段时间的适应和磨合。

A.16 济南二建集团工程有限公司数字化转型应用情况调研

调研时间：

2022年8月19日。

出席调研人员名单：

济南二建集团工程有限公司副董事长：寇学武；

济南二建集团工程有限公司信息化推动运营办公室主任：魏全文；

济南二建集团工程有限公司BIM工作室主任：梁乃健；

济南二建集团工程有限公司BIM工作室副主任：费忠阳。

企业基本信息：

济南二建集团工程有限公司是山东省济南市首批彻底实行股份制改革的施工企业。公司现有员工700余人，年均完成施工产值50亿元，在建项目38个（房地产项目15个，企事业单位项目23个），在施项目主要集中在山东省省内，分布在济宁市、滨州市、泰安市、菏泽市及济南市。公司拥有房屋建筑工程总承包特级资质，具备建筑装修装饰工程、钢结构工程、建筑防水工程专业承包、起重设备安装工程专业承包贰级资质，同时拥有建筑工程甲级资质设计院。

1. 企业数字化应用情况

济南二建集团工程有限公司信息技术开发应用经历了以下三个阶段。第一个阶段：1986～1999年，公司在进度计划、工程预算和财务软件等多个业务进行了计算机应用探索，这期间建设的信息系统大部分为单机应用，基本上是计算机代替手工作业。第二个阶段：2000～2011年，公司的计算机应用从单项业务处理向管理信息系统开发建设发展。从2001年开始，建立了公司局域网，引入办公自动化系统，全面推行财务核算软件。第三个阶段：2012年至今，公司将企业信息化建设和企业的长远战略规划紧密结合，现在应用点主要集中在项目管理系统、OA办公系统、劳务实名制系统、资源管理系统、智慧工地平台、财务管理系统、人力资源管理系统、视频会议系统、检验检测管理系统、资料管理系统、BIM应用等方面。

数字化转型投入方面，近年来公司在信息化方面的持续投入达到1500～2000余万元。

数字化管理组织机构建设方面，集团信息化启动之初便成立了信息化领导小组，董事长任组长，副董事长任副组长，成员包括集团各处室负责人及项目经理。

2. 企业数字化应用特征

公司信息化发展以应用为导向，以提质增效、信息共享为内在驱动力，通过信息化建设规范管理行为及管理流程，实现了企业发展与信息化建设相互促进、相互成就的过程，企业得到发展，信息化的建设和应用也进入快车道，实现了业务需求全部在线上进行并实现深度应用。

加大企业信息化投入力度，加快信息化基础设施建设步伐以及应用系统的建设工作。积极开展人员培训，加快培养一批信息化复合型人才，培养一批BIM专业人才，经常性练兵备战，在所有项目中实施BIM应用，为今后承接复杂工程做足准备。

从项目全生命周期的精细化管理，到集团实体公司的信息化应用。深入应用信息化工具后，企业将工作做得更实更细，成本管控更有方向，为企业高质量发展奠定了基础。归纳起来，其数字化建设主要有以下特征：第一，适合自己的才是最好的，对于初次使用信息化的单位来说，前期的调研选择非常重要，寻找一个适合自己企业的信息化软件，与企业贴合度高，推动的难度相对小。第二，软件必须有一定的拓展功能，便于企业在日后的使用过程中逐步完善，自己完善的内容针对性会更强，使用效果会更加明显，解决问题会更加直接。第三，只有用起来才会有进一步的需求，才会提出问题、解决问题，所以第一步是必须将软件用起来。第四，信息化必须作为"一把手"工程来对待，方可推动，只要"一把手"重视，将其纳入绩效考核范围，推力自然就上来了。同时要上下联动，公司、部门、项目"一把手"联动起来，信息化的推动才会加速，才会事半功倍。第五，再好的软件也替代不了人的管理，管理制度及考核制度是靠人来完成的，制定规则，落实规则必须由人来实现。第六，信息化应用的对象是业务，由熟悉业务的人员进行信息化的管理和实施，能够达到事半功倍的效果，当然如果需要比较复杂的二次开发或者编写代码的情况，可以提供完善的需求和管控方向，由软件公司完成，专业的人来干专业的事，应用人员只负责提出需求即可。

3. 企业对数字化价值的认知及数字化应用的建议

价值1：通过数字化建设，用数字技术手段保证流程与制度的落地，促进流程优化，规范管理行为，优化资源配置，提高项目与公司的沟通效率，降低管理成本。

价值2：通过数字化建设，实现项目管理系统中企业、项目、部门业务互联和数据互通，打破数据壁垒，促进业务协同，提升管理效率。

价值3：通过数字化建设，配合考核制度对线下考核和线上考核相互补充，相互印证，过程管控更有力度，降低企业风险。同时提高了过程成本出具的时效性和真实性，避免企业风险累加。

建议：政府对同质化的软件应结合行业需求、政府部门需求，企业需求等方面，组织各层级的应用类专家或资深从业者进行调研，需求框架应统一，满足不同层级的需求，按照不同层级的权限各取所需，避免申报数据一个系统，应用管理一个系统，数据输入输出多口径、多渠道，即便是不同供应商的产品，也应在不同层级开放接口，便于集成打通数据。

A.17 中天控股集团有限公司数字化转型应用情况调研

调研时间：

2022年9月15日。

出席调研人员名单：

中天控股集团有限公司新建造研究总院院长、副总工程师：徐晗；

中天控股集团有限公司信息化总监：钟韶武；

中天控股集团有限公司技术发展部副总经理：龚旭峰；

中天控股集团有限公司新建造研究总院院长助理：黄山；

中天控股集团有限公司信息化总监助理：张海滨；

中天控股集团有限公司技术发展部总经理助理：尤克泉。

企业基本信息：

中天控股集团有限公司（以下简称中天控股）是一家以工程服务、地产置业与社区服务、新材料制造为三大主营业务的大型民营企业集团，中天建设集团有限公司(以下简称中天建设集团)是中天控股集团的核心产业集团，以房屋建筑、基础设施建设、工程服务为主要经营业务。2021年，中天控股完成产值与销售收入超1700亿元，员工逾20000人。中天建设集团全年完成产值1187亿元，在施项目共1500余个，其中房建项目占比70%；员工12000人。中天建设集团经营地域覆盖国内30多个省、自治区、直辖市，海外业务已拓展到非洲、东盟及南亚等地。中天建设集团具备房屋建筑工程总承包特级资质、建筑行业工程设计甲级以及十几项专业资质。

1. 企业数字化应用情况

中天控股信息化、数字化建设起步于1998年，分为三个阶段。第一个阶段：1998年开始信息化工作，重点为OA系统的建设。第二个阶段：2011年以后集中于项目综合管理系统的部署，采取系统自研和外部引进相结合的方式。2012年开发了内部办公系统，在此基础上，2016年开始自行开发项目管理系统，以质量、安全为切入点，逐步扩展到成本、进度、材料、合同等。项目管理系统的开发根据需求的增加不断持续进行。2018年重新规划信息化架构后，更加重视项目经营条线，另外做了局部管理驾驶舱，可查询市场相关数据、产业链相关数据以及经营指标，但还没有到集团级驾驶舱高度，数据还没有完全集成。成立从集团到区域公司的BIM中心，探索有价值应用点、扩大应用范围，建设族库、应用资源库，并推进数字建造试点项目。第三个阶段：从2021年开始进行数字化转型规划，引入咨询公司，组成联合项目组，进行企业整体数字化转型顶层规划，当前已有初步蓝图，在BIM方面增加数字化建造试点项目，数字建造、智能建造、装配式建造是主要方向。

在数字化组织机构、人员配置及投入方面，当前数字化相关工作由企业和外部咨询公司组成联合项目组推进，中天控股内部主要由新建造研究院、战略运营与数字化管理部、技术发展部三个部门分领域共同推进，各业务条线关键人参与。其中新建造研究院8人，战略运营与数字化管理部10～20人，技术发展部27人。

在投入方面多以课题、业务线需求预算、项目试点及各区域公司自行投入等形式存在，整体统计较难。

2. 企业数字化应用特征

对内实现企业精细化管理，向管理要效益，实现利润增加；对外响应在主管单位倡导，行业发展趋势推动是中天控股进行数字化转型的主要驱动力。中天控股多元化发展，但主营业务仍然聚焦于建筑业务，项目是其核心管理单元，故而其数字化主思路还是从项目管理信息化做起，逐步走向集团管控信息化。区别其他领域的做法，新材料制造板块更偏向制造业，采用传统的ERP策略；对于地产置业与社区服务来说则侧重于售楼管理、成本测算和销售管控等。

在软件层面采用自研和外购相结合策略，成熟的软件外购，例如财务系统、资金系统、集采系统；项目管理系统自研比例更大，依靠开源平台，自主研发，尽量避开商业化开发平台，以确保未来企业知识产权可控，此举也是为了适应企业项目管理的个性化（大量内部管理的方式、方法）。

由于企业采用直营和承包制（责任制）两种项目经营模式，其数字化建设体系和工作重点也较为个性化。目前项目管理系统包括质量安全、合同、物资、成本、劳务等板块，但在两种不同模式下的推行力度存在差异，在集团范围内推行需要一个持续的过程。在质量、安全、成本等业务数字化之外，项目管理标准化同样是中天控股项目管理的重要一环。集团安全管理与标准化管理部，与各区域公司、各项目部确定管理规范，战略运营与数字化管理部把管理流程固化到项目管理系统中，形成一套标准在全集团推行。

在数字建造系统方面，中天控股的数字建造系统脱胎于 BIM 应用；从集团公司到区域公司再到项目部都有相应人员、团队配置；当前总部职能主要是标准制定、知识库构建、考核以及前沿方向探索。现在 BIM 的数据还未与项目管理平台完全融合实现数据自动流转，主要以示范项目来推进。当前三个重点工作方向：一是平台打造，和产业数字化一起规划数字建造平台，探索成本线与生产线的两线融合，也就是业财一体化的一个方面；二是清单，清单之间的关系可以通过平台来固化，但是具体数据传递接口，哪些数据要传递，不同阶段要做哪些事情，需要列出应用点场景清单指导下一步工作；三是搭建软件厂商生态链，数字建造阶段很多事情需要依托专业公司，提前对合作伙伴有所了解和储备，企业在具体开展数字化建设工作时就能够有的放矢，找到相应的专业机构。

中天控股下的中天新建造研究总院，正在往新型建筑工业化方向做深入研究。在 BIM 深化设计的基础上开发模块化标准建造体系核心技术，主要针对现浇体系，以装配式模板的方式来实现每一个项目的深化设计，加速装配式发展。在中天控股未来数字化发展蓝图中，已经在做 5～10 年的数字化构想，并在顶层规划的架构下，真正实现从信息化向数字化转型，继续走集成和打通各系统之路，逐步推进数据流转，实现业财一体化，此外持续积累数据资源挖掘数据价值，探索新的业务模式。

3. 企业数字化应用面临的问题和建议

问题 1：以 BIM 技术为核心的智能建造，还存在平台不统一、数据打通难等问题。从流程和整体的理想化模型来看，确实可以做"一模到底"，但很多细节仍然较难。例如，从设计到施工的数据传递，要统一建模标准，但建筑行业数据量非常大，字段比较多；同时现在市面上服务于各个阶段的平台很多，标准不统一；企业适配各个平台之间的数据传递也好，应用协同也好，还需要更多的时间去探索。所以智能建造从全生命周期的角度来看，一个项目试点可能会比较容易，但推广到所有项目中使用，存在比较大的阻碍。

问题 2：行业系统性问题和参建各方主观意愿问题导致数据难以实现完全透明。数字化是具有系统性的，技术在处理数据时总会遇到人性的挑战和细节操作的灵活性需求。数字化的数据真实与经营管理模式产生了比较明显的矛盾。

问题3：业务部门的参与不充足问题。在企业信息化、数字化建设过程中，好像一切问题都是技术问题，是技术部门的问题，而其他业务部门并没有实现充分的协同联动。

建议1：行业牵头制定数据标准。建议行业协会制定数据标准，便于行业数据上报、政府数据上报等的统一。企业内部在数字化建设方面也有行业标准作为企业标准的基线，利于与监管部门数据打通。在政府、行业协会的引领下，中天控股积极参与标准的制定，我方可提供相关领域的专业人员、专家等参与标准的编制。并在标准发布后，积极应用标准，将标准应用到实际施工作业中。

建议2：大力推广国产软件使用。积极响应国家政策，希望大力推广建筑领域国产软件使用，作为施工企业会大力推行国产软件的使用。希望政府、行业协会在国产软件使用方面给予政策的指导、扶持等工作。也希望与国产软件研发单位进行合作，共同担负软件国产化的任务。

A.18 浙江交工集团股份有限公司数字化转型应用情况调研

调研时间：

2022年9月16日。

出席调研人员名单：

浙江交工集团股份有限公司副总经济师、数字化改革领导小组副组长：韩小华；

浙江交工集团股份有限公司数字化事业部总经理：曾先才；

浙江交工集团股份有限公司建筑工业化事业部总工程师：宁英杰；

浙江交工集团股份有限公司数字化事业部总经理助理：林捷；

浙江交工集团股份有限公司数字化事业部创新研究部经理：施向明；

浙江交工集团股份有限公司数字化事业部软件开发部副经理：杨献裕；

浙江交工集团股份有限公司数字化事业部BIM管理部副经理：章竑骎；

浙江交工集团股份有限公司数字化事业部信息保障部副经理：金曦；

浙江交工集团股份有限公司数字化事业部产品部副经理：杨智慧。

企业基本信息：

浙江交工集团股份有限公司（以下简称浙江交工）是浙江省大型国有企业，为浙江省交通投资集团有限公司下属子公司。浙江交工目前员工总数7000余人，全球在建项目200多个，2021年全年新签合同额671.16亿元。项目遍布国内 28 个省（直辖市）、海外 4 大洲 19 个国家。浙江交工拥有 2 个国家公路工程施工总承包特级资质、2 个公路行业工程设计甲级资质、1 个工程勘察专业类岩土工程甲级、3 个公路工程总承包壹级资质、1 个建筑工程施工总承包壹级资质、1 个市政公用工程施工总承包壹级资质等专业资质。

1. 企业数字化应用情况

浙江交工数字化建设可分为三个阶段。第一个阶段：启蒙阶段，2007 年行业主管部门采用资质就位方式推进信息化提升，公司为申报特级资质于 2008 年建设了项目管理系统，信息系统应用水平较低。第二个阶段：探索阶段，2018 年成立信息化管理部，主要承担集团本部信息化项目建设管理、维护、安全保障等职能，系统建设主要依托外部专业公司，核心业务系统建设相对滞后。第三个阶段：深化阶段，2021 年公司选定同行优秀单位进行合作，完成数字化改革顶层设计，并在 2021 年 10 月全面启动业务系统建设。2022 年成立数字化事业部，定位"数字交工建设运营主体、交工数字产业化孵化平台"。

数字化投入方面，2022 年集团本部预计数字化投入 3000 万元左右。

数字化组织机构方面，集团高层成立数字化改革领导小组，董事长任组长，总经济师任副组长；2022 年集团成立数字化事业部，逐步向公司化方向发展，事业部下设综合办、产品部、创新研究部、软件开发部、信息保障部、BIM 管理部 6 个部门 30 余人，人员不设限，按需增补。

2. 企业数字化应用特征

浙江交工在立足自身业务特点和管控需求的基础上，以助力解决企业发展过程中的成本、效率、风险等核心问题为出发点，按照"合作开发、自主可控、实用好用、经济合理、行业标杆、立足长远"的思路，体系化建设企业数字化转型规划与实施路径，主要包含系统平台建设、智慧工地建设。系统平台建设实现全业务全覆盖全过程闭环管理、成本闭环管理"两个闭环"管理。智慧工地建设在充分调研内外部项目部先行先试的正反两方面的经验基础上开展专项顶层设计方案，建立统一的智慧工地门户聚合平台。以智慧梁场和劳务实名制等为切入口，从项目需求出发，分类推进，帮助项目部开发适用性强的小程序，推动"机械换人"进程，实现设备数据与系统平台的集成，持续提高数字化、智能化水平。

目前，企业在人力资源系统和分包选择管理系统方面已有显著效果。人力资源系统结合路桥施工企业复杂多变的人力资源现状，建设了一套适用性强、灵活多样的人力资源管理系统，主要解决了人员项目间调动频繁、"多次、多地"发薪、人事与薪酬不能完全同步、扫尾项目多岗位兼职等复杂人力资源管理问题,实现了线上考核和线上发薪。分包选择管理系统,一是分包闭环管理,实现分包商准入、招标投标活动、合同管理(履约等)、分包结算和支付(支付环节与财务共享系统对接中)全过程线上化;二是在线协同办公,在线开标,无须集中或到指定地点开展工作,可在有网络的任意场所分工协作,降本降碳提效(市场上满足分包劳务招标评标的系统极少);三是采购信息阳光透明,数据全流程可追溯,同时分包商线上投标显示本机 IP 地址等信息可追溯,防止串标。

从应用经验上来看,企业人才体系建设方面,企业对信息化专业人才的培养主要采用以下方式:通过参加项目实施锻炼业务能力,通过学习培训、对外交流、案例考察开阔视野。针对信息化的专业特性,特别注重培养创新意识、独立思考能力、风险规避意识、责任担当意识,重视培养良好的沟通能力。注重对主营业务的学习,通过各种方式了解熟悉公司业务,把握建筑施工企业管理的特点、难点。强化合作意识,形成优势互补的信息化专业团队。除培养信息化专业人才外,还要注意培养业务部门的信息化应用人才,在业务需求及系统应用中发挥重要作用。制度推进方面,一是加强宣贯培训,推动组织系统在子分公司层级的应用,必须要联合业务部门做好系统应用培训,做好系统应用范围的全覆盖。二是持续迭代升级,坚持在用的过程中发现问题、激发新的需求,通过建议邮箱、调研走访搜集,评估后迭代升级。三是推动晾晒机制,建立数字化"晾晒比拼"机制,通过定期和不定期通报的形式告知各系统建设及应用情况。

3. 企业数字化应用面临的问题和建议

问题 1:制度与系统"翻译"难。路桥施工场景具有的复杂性、不确定性、非标准化等客观属性与信息技术的逻辑属性存在一定冲突。管理的核心是人,对人的管理不能完全工具化,要有人性化、差异化考虑。项目一线的场景是复杂的、多变的,建设的系统应该是为此服务的,杜绝简单地把管理制度用代码翻译成系统。因此企业管理信息系统需要较长时间反复打磨,数字化改革进度较难把控。

问题 2:"智慧工地"创新协同推进难。智慧工地涉及跨业务、跨部门、跨环境等多跨协同"创新"推进才可能达到预想的效果。目前,行业缺乏成熟的解决方案,单设备数据采集面临网络环境复杂、设备新旧差异、接口标准不统一、采集数据偏差分析等都还没有成功的解决方案,面临探索过程中多业务协同统筹的困难（涉及多业务协同的往往找不到牵头部门）、投入与产出不成比例的困惑、异常数据分析应用加工的压力等。

问题 3：复合型人才引培难。IT 工程师与业务工程师的融合协同还需要一个培育过程。一方面薪酬待遇与市场存在较大差距，另一方面优秀人才缺乏对建筑行业的认知，企业在这方面的吸引力不够。

建议 1：希望数字化软件商转变商业模式，向服务型转变，担当顾问的角色，结合企业个性化需求进行合作。

建议 2：希望行管单位或协会可以依托具体成功的项目，推成行业内优秀案例的成果输出，以供行业借鉴，避免走弯路。

A.19 浙江省建设投资集团股份有限公司数字化转型应用情况调研

调研时间：

2022 年 10 月 24 日。

出席调研人员名单：

浙江省建设投资集团股份有限公司科技信息部总经理：金睿；

浙江省建设投资集团股份有限公司科技信息部副总经理：李明明；

浙江省建设投资集团股份有限公司科技信息部经理助理：关俭；

浙江省建设投资集团股份有限公司科技信息部系统主管：周超。

企业基本信息：

浙江省建设投资集团股份有限公司（以下简称浙建集团）成立于 1949 年 7 月 11 日，是一家集投资、设计、建造、运维于一体的现代建筑服务全产业链企业集团，是整体上市的浙江省属国有企业。集团拥有 14 家主体子公司、5 个事业部、1 所学校和 1 家境外上市公司，从业人员 20 余万人。综合经济技术指标保持全国同行领先，连续入选 ENR 全球 250 家最大国际承包商、中国承包商 10 强、中国企业 500 强、浙江省百强企业。荣获"全国文明单位""全国五一劳动奖状""浙江省十佳国际投资企业"等荣誉称号。

1. 企业数字化应用情况

浙建集团的信息化建设总体可以分为四个阶段：

第一个阶段：2009 年之前，部门信息化应用阶段，相关部门根据本身管理需要，引进或自行开发了一些应用系统或工具软件，主要包括财务、人事、办公自动化、CAD 设计等软件，辅助业务管理部门提高工作效率和工作质量。

第二个阶段：2009~2019 年，企业信息化应用阶段。以住房和城乡建设部企业资质重新就位为契机，集团总部和主要子公司根据资质就位信息化考评要求，重新规划和系统建设了项目管理系统、财务管理系统、人力资源管理系统、协同办公管理系统等信息化系统，开展了企业信息化的整体应用，改变了之前各公司碎片化应用的局面。

第三个阶段：2019~2021年，集团信息化应用阶段。集团规划编制了信息化发展规划，提出了"打造数据驱动的数字型企业"信息化建设总愿景。规划通过六个层面搭建了浙建集团的信息化应用集成架构，即展示层、决策层、综合协同层、管理层、执行层和数据层，制定了系统建设蓝图，明确了哪些系统由集团统建，哪些系统各公司可自行建设，推动了集团整体信息化工作的全面开展和显著提升。

第四个阶段：自2021以来，集团根据浙江省数字化改革工作的要求，深入开展浙建集团数字化改革工作。集团在之前信息化发展规划的基础上，搭建了"1+5"工作体系，即深化1个一体化全方位企业管理数字化智治平台，推进党建统领、改革创新、数字治理、工程管理和转型发展五大领域重大改革，持续建设数字化重大应用。

数字化转型投入方面，公司近三年数字化建设总投资近亿元。

数字化管理组织机构建设方面，集团成立了"数字化改革领导小组"，由党委书记、董事长任组长，领导小组下设办公室，办公室主任由集团总工程师担任。成立了科技信息部，负责集团信息化工作的规划和建设。

2. 企业数字化应用特征

集团在六个层面信息化建设的基础上，进一步开展数字化改革。集团围绕5大领域21条跑道，以"小切口"带动"大场景"，谋深多跨场景应用，推动打造具有浙建特色的数字化改革成果。目前，集团正在有序推进5大领域21条跑道下的64项数字化应用，代表性的有：

（1）党建统领领域

①集团党建智治，围绕党员发展打造一体化管控平台，实现党务工作在线办理，党员信息、党组织信息动态更新，构建了党建系统在线全面监管体系。

②人力资源管理应用，建立"选用育留"的人才体系，聚焦智能招聘、员工成长跟踪，促进内部人才流动，深化目标体系、工作体系、评价体系。

（2）改革创新领域

①浙建云商，包括统一招采协同平台和电子商城，实现集团内部"应招尽招、真招实招"，并带动山区26县企业发展，推动实现共同富裕。

②供应链金融，围绕 1 个平台 4 个生态及多个场景进行建设，助力产业链上下游中小微企业解决融资难、融资贵问题，构建一个"核心企业 - 资方 - 供应商"的互利共赢的供应链金融生态体系。

③企业改革管理系统，实现改革信息报送、查询，改革进展监控、信息展示分析，全面、系统地展示集团重点改革任务基本情况、进展及成效。实现对企业改革任务执行的全过程跟踪以及远程指导督办。

（3）数字治理领域

业财税资一体化管理应用，通过业财数据中台，实现业财税资的横向贯通，支撑财务管控，赋能业务，实现业财税资全流程一体化、集约化、智能化。

（4）工程管理领域

①项目管理系统，横向连接商务经营、成本合约、风险管控、进度管理等业务，纵向打通"集团 - 子公司 - 分公司 - 项目部"管理层级，提升项目综合管理能力与精细化管理水平，有效管控项目风险，降低管理成本。

②智慧工地公共平台，实现建筑工地场景全方位数字化治理和多跨协同，做到项目部"最多录一次"。荣获住房和城乡建设部智能建造新技术新产品创新服务典型案例（第一批）、2021 浙江国资国企"一件事"最佳改革实践案例。

③建筑工业化监管服务平台，作为浙江省住房和城乡建设厅数字化应用"浙里建"的一个子场景，涵盖设计、生产、施工的数字化建造平台，集成应用数字化技术，高效解决了参建各方协同问题，最终实现智能制造；该平台于 2018 年完成杭州市装配式建筑质量平台，2021 年完成浙江省装配式建筑质量平台。

（5）转型发展领域

①建筑钢结构智能制造，实现了建筑钢结构的智能加工、快速制造和柔性生产，形成国内首条 H 型钢智能生产线。该应用荣获住房和城乡建设部智能建造新技术新产品创新服务典型案例（第一批）、第二届工程建造微创新技术大赛"特等奖"、浙江省数字建造创新应用大赛新技术应用组"一等奖"。

②未来工厂，包括混凝土预制构件智能生产和工程机械智能生产。混凝土预制构件智能生产，打造钢筋网片智能焊接生产线"机器换人"的应用场景，实现全生产过程数字化管理和多层级高效协同可视化管理，荣获住房和城乡建设部智能建造新技术新产品创新服务典型案例（第一批）、2019 年浙江省智能工厂、2020 年浙江省经济和信息化厅的浙江省数字化车间。工程机械智能工厂，实现年产 10000 台套电力抱杆和塔式起重机，建成国内首条塔机结构件柔性生产智能化粉末涂装线，生产效率在行业内遥遥领先。

除了以上五大领域,集团还积极参与浙江省人民政府国有资产监督管理委员会在线监管系统的建设和应用,参与国企改革系统的建设,配合开展公权力智慧监督系统、三重一大、综合监督等七大监管系统的应用。

3. 企业对数字化价值的认知及面临的问题和建议

（一）数字化价值认识

价值1:通过信息化建设和数字化转型,促进和提高了集团数据标准化程度,为系统互联、数据互通打下良好的基础,有效改变了业务割裂、信息不一致的状况,提高了数据整体质量和系统运行效率。

价值2:通过信息化建设和数字化转型,促进了相应管理制度的不断改进完善和管理流程的优化,实现管理日益规范、高效,有效降低了管理成本。

价值3:通过信息化建设和数字化转型,纵向打通了集团总部、子公司、分公司、项目部各个层级,推动数据、资源有效共享,提高了集团资源利用能力,降低管理成本,提高管控能力。

价值4:通过信息化建设和数字化转型,提升了企业运营数字化、管理信息化、决策数据化的水平,有效提高了企业综合竞争能力。

（二）问题与建议

问题1:企业数字化转型路径选择问题。企业数字化转型,需要持续投入和探索前行,没有现成的道路可走,也难以做到立竿见影,浅尝辄止或半途而废都会给企业带来损失,影响企业未来的发展。企业管理层面临如何衡量好其中的利弊,结合企业的实际情况和需求,制定本企业数字化转型目标,谋划好适合本企业的数字化改革转型之路。

问题2:管理基础问题。建筑行业作为传统行业,管理比较粗放,同一个企业,内部管理也可能不统一,管理标准化、规范化、精细化程度较低,企业数字化转型的基础较薄弱。

问题3:数字化人才问题。建筑行业数字化人员数量较少,能力较弱,尤其缺乏懂业务、技术与管理的复合型人才,管理层的数字化理念也相对较弱,支撑企业数字化转型的能力不足。

建议1:政府主管部门对行业的管理应适应数字化时代的管理特点,与时俱进,并加大对企业数字化转型的支持和引导。目前各地的数字化发展环境不同,政策和标准也不一致,有些地方的管理还延续传统的管理模式,给企业数字化转型带来阻碍。

建议2:行业协会在企业数字化转型中应发挥更大作用。包括推动行业标准化、规范化、体系化的建设，开展企业数字化转型的模式、路径、方法的研究，加大对行业数字化先进经验的总结、提炼、宣传，为企业数字化转型助力。

建议3：企业应加大数字化方面的投入，出台优惠政策，加大数字化人才的引进和培养，尤其是复合型人才的培养，扩大企业数字化人员数量，提升人员素质和能力，为企业数字化转型提供有力支撑。

A.20 上海宝冶集团有限公司数字化转型应用情况调研

调研时间：

2022年10月26日。

出席调研人员名单：

上海宝冶集团有限公司总工程师：刘洪亮。

企业基本信息：

上海宝冶集团有限公司（以下简称上海宝冶）是钢铁工业建设的先驱者企业之一，位列"中国建筑业竞争力百强企业"前20名，2020年，上海宝冶中标额突破1000亿元。上海宝冶的建设足迹遍布各地，先后参与第一届中国国际进口博览会主会场国家会展中心、上海迪士尼明日世界、北京环球影城变形金刚主题区、北京冬奥会国家雪车雪橇中心等重大项目建设，拥有房屋建筑施工总承包特级资质。企业从"冶金建设国家队"到"城市建设主力军"再到"十四五"提出的"基础设施领跑者"。

1. 企业数字化应用情况

上海宝冶的信息化建设总体可以分为两大阶段。第一阶段按照业务线的发展需要，建设单业态的信息化系统，比如2006年的财务系统建设，2008年的供应链系统，2010年建筑业资质就位、协同办公(OA)系统上线等，对规范业务操作、提升工作效率起到一定的推动作用。第二阶段是随着业务规模的不断扩大以及各层级对精细化管理的需求上升，自2014年开始，上海宝冶的信息化系统建设向一体化数字化转型，搭建了业财一体化系统，2018年升级为财务共享系统，2019年完善项目管控信息平台建设。在推进一体化数字化系统的过程中，上海宝冶对于数字化转型的认识日渐清晰，并在2016年前后提出打造"数字宝冶"，建设一体化协同集成信息系统，以标准化管理为抓手、推进治理体系和治理能力建设；以信息技术辅助管理、协同增效，推动信息化和企业业务标准化高度融合，保障公司战略目标的实现。

一体化协同集成信息系统，核心是打造"两个中心""三个平台"。其中，"两个中心"是指企业大数据中心与企业运营监控中心,"三个平台"是企业信息管理平台、项目管控信息平台、技术支撑信息平台。其中,企业信息管理平台重点关注资金、成本及财务数据,包括业财一体化、OA、财务共享、档案管理与电商平台;项目管控信息平台侧重对项目的数字化管理,智慧工地与工程管理是关键子平台;技术支撑信息平台主要提供技术与数据支撑,如BIM、工程进度软件、算量软件等。

2. 企业数字化应用特征

作为较早接受信息化、数字化概念的企业,上海宝冶聚焦信息化、标准化两化融合,通过不间断地信息化建设,规范业务操作,提升工作效率,降低项目成本。上海宝冶制定并发布了组织及组织架构规范化、信息编码体系标准化等相关文件。在企业信息分类标准化方面,上海宝冶把所有信息分为基础信息、属性信息,并分别进行大、中、小类划分。比如基础信息分为12大类,12大类涵盖了企业的方方面面,每个大类下又分为中类,中类底下分小类,小类底下再加一个属性,整个信息分类编码体系非常完整。

在一体化协同集成信息系统建设之初,业财一体化是上海宝冶计划重点突破的建设内容,希望通过平台建设,形成数据驱动下的业务和财务融合,提升财务管理对业务环节的有效监控,降低经营风险。业财一体化成为三大平台中的核心,与其他业务系统进行关联,数据互通,实现企业主数据信息共享。同时集成系列模块数据于同一个平台,做到数据源的唯一性,规范数据采集,实现一次录入、多次引用。以物料供应链管理为例,从项目管控信息平台上实现预算控制材料,而业财一体化实现了供应链管理的过程管控,再通过招采平台进行统一招标,最后通过财务共享系统付款,构成一个一体化采购的全业务链条。

在项目精细化管控方面,平台与智慧工地连接,通过软硬件数据集成,实现现场智能化管理。平台严格遵循项目建设生命周期,依据施工总进度、期间进度计划,编制产值计划、劳动力使用计划、物资及机械设备使用需求计划等。通过各业务线的计划,开展各业务线具体业务,比如产值统计、劳务履约、物资采购、机械租赁等业务,通过这些业务形成项目的收入、成本等数据,便于成本核算及经济分析。比如安全巡检、质量巡检信息通过智慧工地直接接入项目管控信息平台,实现数据展示及管理跟进;物料验收系统可以将现场磅单直接传入项目管控信息平台,满足项目管控信息平台过程履约及成本核算等。总体而言,平台实现了关键业务环节动态监管,做到项目现场管理实时可控。

在企业数字化管理方面，通过智能管理系统、经营管理系统以及非经营管理系统，实现了企业对多项目的管理。同时，通过智能化采集和智能化管理的一体化平台，实现了智能采集以及数据的互联互通，通过数字企业和数字项目的融合统一，真正利用数字化来实现企业的智能化管理。简而言之，通过项企一体化，实现从项目的精细化管理到公司的高效运营，最终为集体决策提供依据支撑，单从数据采集与利用来看，是从项目数据自动抓取到公司自动汇总数据，再到集团企业 BI 智慧分析的过程。BI 看板是项目推进过程的一种可视化表示，比如财务管控，包括公司经营情况、资金保障、资产结构、信用评估、市场开发、党群建设、人力资源等。集团层面的大屏作为运营监控指挥中心，体现了公司的指挥架构、经营情况；项目层面展现管控情况，重点突出整个项目现场的数据管控，即时信息的体现，包括在建项目的信息，还可以实现数据的每层穿透。

在积极推动项目管控信息平台建设的同时，上海宝冶率先建成了项目运控中心。作为国内建筑行业最早的数字化运控中心之一，项目运控中心是上海宝冶项目管控的指挥和作战中心，海量的业务数据在这里被转换成面向管理的数据，同时用各种丰富图表的展现方式，做到数据汇集、智慧分析，为决策层、管控层、项目层提供强有力的数据支撑，逐步实现项目运营管控模式向标准化、精细化、智慧化转型升级，真正完成从数据到知识的转变，实现工程项目管控的智能化。

3. 企业对数字化价值的认知及面临的问题和建议

价值1：通过数字化建设，上海宝冶实现了标准化与信息化的深度融合，在规范流程机制的同时，保证了落地效果；通过企业信息分类标准化建设，实现了业务、财务、税务、资金、人力、客户、采购等各业务间数据互联互通，提升了业务协同和管理效率。

价值2：数字化应用对项目及企业的关键管控环节，能更好地做到事前防范、事中管控、事后分析，最大限度地防止业务风险的发生，提升企业风险防控能力，从而实现企业掌控力的升级，更好地保证企业有序发展。

问题1：项目一线人员对于数字化应用的接受度问题。部分一线人员还是会存在数字化应用的抵触情绪，主要原因客观上是软硬件的易用性问题没有很好地解决，主观上是作业人员个人工作习惯还没有完全适应。这就需要行业通过不断的发展迭代，打造出更加适合一线操作人员工作习惯的软硬件，同时需要公司从制度、文化等方面持续不断地建立数字化意识。

问题2：海量数据的价值挖掘问题。公司在数字化建设过程中，形成了大量的数据信息，如何在满足业务需求的基础上，最大限度地挖掘数据与数据间的利用价值，更好地为企业业务发展赋能，是数字化推进过程中需要重点考虑的问题。

建议1：希望政府和数字化应用服务商，能够在更多业务领域逐步建立切实有用的行业数据标准及数据库，比如产业人员数据库、材料数据库等，赋能于建筑业企业更好地发展。

建议2：希望行业主管部门可以多组织企业数字化经验分享等活动，搭建企业与企业间的交流平台，这样更有助于企业间互相吸取成功或失败经验，在企业数字化转型的道路上能够少走弯路。

A.21 江西省建工集团有限责任公司数字化转型应用情况调研

调研时间：

2022年10月28日。

出席调研人员名单：

江西省建工集团有限责任公司总经理：俞文生；

江西省建工集团有限责任公司副总经理：陈仁华；

江西省建工集团有限责任公司总工程师：李新刚；

江西省建工集团有限责任公司信息管理部部长：李永华。

企业基本信息：

江西省建工集团有限责任公司（以下简称江西建工）是江西省属大型国有建筑施工企业，前身是成立于1952年的江西省建筑工程局。具有房屋建筑工程施工总承包特级、市政公用工程施工总承包壹级、公路工程施工总承包壹级等多项资质以及对外承包工程和劳务合作经营权，拥有各类在编在岗专业技术职称人员5000余人。连续八年进入"中国企业500强"，是江西省建筑行业龙头企业。

1. 企业数字化应用情况

江西建工信息化建设主要分为三个阶段。第一阶段进行核心业务应用系统的搭建，满足企业信息化的基本功能要求，核心业务的在线化和标准化管理，实现企业管控要求。主要包括企业门户、协同办公、人力管理系统、风控管理系统等基础系统建设；可视化生产调度系统（智慧工地管理平台）、项目管理系统、集采系统、财务及资金管理系统等核心业务系统建设；企业BI大数据决策系统建设应用。第二阶段进行核心系统的迭代、数据治理及数据深度应用，满足企业精细化管理，提效减负，实现企业数字决策，挖掘数据价值，由数据驱动业务。主要包括系统迭代优化及模块深化应用（各系统的二期建设）；集团及各部门的数据专题深度分析应用（报表分析建设等）；数据治理及数据中台建设。第三阶段进行数字化创新应用平台构建，支撑企业管理及经济的提升，实现企业的数字化创新，大幅增效释能，提升企业盈利点。主要包括数字集成平台及物联网平台建设；BIM技术及数字工地创新应用平台建设。

数字化管理组织机构建设方面，企业机关成立信息化领导小组，由集团公司一把手担任领导小组组长，总体负责企业信息化建设；集团各分管副总及各子公司总经理为领导小组成员，对信息化的总体目标、资源配置、公司制度优化负责。领导小组下设若干个系统建设工作推进小组，由集团公司资深副总担任实施小组组长，由各业务部门负责人、关键用户担任项目小组成员，对实施方案、具体业务流程、表单、报表、基础数据采集负责，各子公司成立对应的实施小组。技术保障小组，由信息化人员组成，负责软硬件运行环境搭建、网络畅通、数据安全、人员培训、流程搭建、报表开发与数据分析。

2. 企业数字化应用特征

江西建工的信息化建设以完善流程、优化管控、规范管理、控制风险、提高办事效率、提升经济效益、增强市场竞争力为目标，利用移动互联、大数据、云计算、物联网、5G、BIM等现代信息技术，大力推进生产过程和经营管理的信息化。纵向打通集团管控、分子公司经营管理、建筑工业生产制造、项目运营各层级，交互协作、信息整合、集中管控、辅助决策；横向以解决业财不统一、信息孤岛等问题为导向，配合项目经营管理转型升级进度，逐步推进信息化具体模块的应用实施。在信息化建设模块上，建设集团统一的智能综合信息管控平台（BI），逐步建立完善项目管理系统、财务及资金管理系统、采购管理系统（供应链管理系统）、风控系统、生产调度指挥中心、智慧工地、BIM深化应用、生产数字化等模块，实现软硬件配套、数据自动采集上传、信息及时预警发布、相关数据关联共享。

为加强信息化工作的组织实施，集团公司机关成立信息化管理部门，明晰集团、分子公司、项目部及各层级职能部门信息化管理工作具体的岗位和职责，增加信息化人员配备，建立完善信息化管理体系及制度。坚持"整体规划、分步实施；试点先行、复制推广；主干统一、末端灵活；共性统建、个性自建、费用分摊"原则，由集团统一架构内容，统一技术标准，分模块、分层级统一组织试点和实施；主干和共性部分由集团"统一规划、统一标准、统一实施"，相关费用按照用户数分摊至各子公司，末端和个性部分由各单位根据总体要求，结合实际情况组织实施，费用自理。

江西建工信息化建设的总体战略是打造"一云一平台多系统"，通过建设"一云"，即全集团一朵云，把各种数据聚起来，让数据在重构中产生价值；通过建设"一平台"，即一个综合信息管理平台（主数据管理平台），让数据通起来，让数据在交换中产生价值；建设"多系统"，即多个业务应用系统，把数据用起来，让数据在共享中产生价值。

3. 企业对数字化价值的认知及面临的问题和建议

价值1：高质量发展是"十四五"的时代主题，产业数字化转型则是助推高质量发展新格局的关键。在这一背景下，数据已成为驱动社会发展的生产要素，产业互联网成为产业数字化转型的"新基建"，数字孪生成为产业发展新形态，"平台+生态"成为产业组织的显著特征。BIM、GIS、云计算、大数据、人工智能、3D打印、物联网、机器人等数字化技术可以为传统建筑行业带来巨大变化，数字建筑理念是以创建新的数据协同效应，将有效率、更高更好更多的协作平台来服务建筑业企业的高质量发展。

价值2：从企业来看，数字化转型是一个持续的过程，可以利用数字化技术更好地实现企业标准化、流程化的管理，提升企业集约化经营的水平。同时，数字化的应用过程产生了大量数据，这些数据都可以被企业再利用，通过数据的结构化处理，可以总结分析企业标准、流程、机制中可提升的内容，持续优化企业综合管控水平，实现企业核心竞争力的重塑。

问题1：集团各层级间对于数字化建设与推广的效果不能达成充分的共识，主要原因是各层级间人员所站的视角不同，自身的诉求也不尽相同，这就导致数字化工作在推进过程中得不到各层级、各岗位人员的主动配合，更多地通过考核、激励等机制解决部分问题，这在一定程度上影响了公司推进数字化转型的整体效果。

问题2：新旧系统的更新迭代问题是江西建工在做数字化转型工作中面临的困扰之一。新旧系统迭代往往伴随着原有系统无法更好地满足现阶段或未来企业发展的业务需求，需要进行系统优化，这就需要对原有产品进行二次开发，周期相对较长并且有些想法无法被充分满足，如果选择更换系统服务商，更换的资金成本、时间成本、人力成本又比较大。

建议1：建议中国建筑业协会等行业主管机构能够组织一些企业与企业间

有关数字化转型方面的高质量的交流活动，相互分享各自的数字化转型成果和经验，帮助企业取长补短，更好地完善企业自身的数字化建设工作。

建议2：建议建筑行业能在数字化技术应用方面建立更丰富的标准体系，让企业的各类型业务系统之间能够更好地形成数据及应用间的互联互通，这样可以最大限度地提升企业数字化应用的效率和效果，也能减少大量重复性的投入。

A.22　中国建筑第五工程局有限公司数字化转型应用情况调研

调研时间：

2022年10月30日。

出席调研人员名单：

中国建筑第五工程局有限公司副总经理：邓尤东；

中国建筑第五工程局有限公司信息管理部总经理：文章英。

企业基本信息：

中国建筑第五工程局有限公司（以下简称中建五局）是中国建筑集团有限公司的全资骨干企业。以房屋建筑施工、基础设施建造、投资与房地产开发为主营业务，拥有房建、市政、公路"三特三甲"资质。构建了"投资、研发、设计、建造、运营"五位一体的全产业链优势，在绿色建造、质量建造、数字建造等领域走在行业前列，在房建、基建、投资等业务板块业绩突出。公司现有员工4.5万余人，总资产超1500亿元，近10年累计投资额超3500亿元，年合同额超3000亿元、营业收入超1500亿元。是投资商、建造商、运营商"三商一体、品质一流"的现代化投资建设集团，稳居"全国一流、中建三甲、湖南三强"。

1. 企业数字化应用情况

中建五局的信息化、数字化建设从2008年以来以管理规范化、标准化为基础，主要经历了以下四个阶段：一是2008~2012年以业务全覆盖、服务集约化为特点的企业集成应用阶段；二是2013~2016年以管理与技术深度融合、业财一体化应用为特点的一体化融合阶段；三是2017~2020年以来以移动化、轻量化应用为特点的场景化应用阶段；四是2021年以来以数据驱动、产业协同为特点的数字化转型阶段。

数字化转型投入方面，自2008年以来，中建五局每年信息化投入不低于500万元。数字化管理组织机构建设方面，成立了以董事长为组长的网信领导小组，在局总部及10家二级单位成立了独立的信息化管理部门，组建了由核心业务人员及信息化技术人员组成的三级数字化创新团队。

2. 企业数字化应用特征

中建五局的数字化应用特点可以总结为三个方面：一是战略引领、规划先行；二是自我主导、开发外包；三是平台优先、双轮驱动。战略引领、规划先行方面，中建五局始终以服务企业战略为出发点，以构建"企业管控集约化、业务管理精细化、资源配置高效化、生态互联协同化"的"数字五局"为目标；以集约管控为重点，以业务财务一体化为核心，规范企业运营管理，实现各层级运营状况实时在线敏捷管理；以项目管理为基础，以项目成本管理为中心，不断促进各业务在线高效协同与精细管理；最终通过IT技术与管理深度融合，实现企业上下组织、业务财务资税、产业链之间的数据互联互通为具体内容。自我主导、开发外包方面，中建五局始终坚持"统一规划、统一标准、统一管理、统一平台、统筹共建"的原则，按照"总体规划、分步实施、自我主导、技术集成、应用创新"的模式开展信息化、数字化建设；形成了中建五局统一的数据标准及技术体系，组建了较为成熟的信息化和数字化开发与实施内部及外包团队。平台优先、双轮驱动方面，10多年来，中建五局在信息化、数字化建设过程中围绕一张蓝图，绵绵用力，久久为功。基于统一平台与主数据，业务与技术双轮驱动，系统不断创新与迭代，实现了信息系统与业务管理系统的融合，实现了各业务部门数据互联互通，实现了企业上下运营管理的在线化，实现了数字化赋能企业高质量发展，提升资源整合能力，服务生产经营，提高管理效率和全要素生产率的根本目的，企业主要经济指标持续快速高质量增长。

3. 企业对数字化价值的认知及面临的问题

价值1：实现场景应用与业务替代。充分应用微服务架构，围绕项目经济活动的物资管理、分包管理、设备管理及周材管理四类业务全过程，系统地进行了应用场景的梳理，其中物资全过程涉及招议标管理、合同管理、采购管理、领料管理、材账管理、支付管理6个业务场景、16个管理节点，涉及4条业务线、21个岗位，基于各场景先后开发了"资产盘活系统""物资验收系统""零星用工""过程计量结算""智能地磅""供应链协同""电子合同"等微服务应用。完成了物资从合同、计划、订单、验收、入库、结算全过程的业务协同场景化应用，完成了分包从合同、过程计量、零星用工管理、结算、支付全过程场景化应用，真正实现了现场与管理的在线化，打通了项目"最后一公里"。

价值2：实现业务财务资金一体化。通过系统地梳理业务财务资金一体化体系，并厘清两者之间的逻辑关系，与实际业务管理深度结合，从商务人工费、材料费、机械费、周材费、专业分包费用出发，找到对应财务核算会计科目的分类，并形成一一对应，从根本上解决了业务口径与财务口径对项目成本核算不统一的问题，所有成本数据通过业务端发起，利用信息系统推送至财务端自动生成凭证，既满足了业务口径按 Wbs 科目进行分析的需要，又满足了财务口径上按《企业会计准则》（建造合同）中规定的成本科目进行归集，同时通过财务"倒逼"业务规范化管理。

价值3：促进流程优化与重构。应用流程数据进行流程及节点效率精准分析、查找问题。再通过"流程与节点"优化，即执行串行改并行、合并无效流程，优化全局流程 1600 多条，减少与合并原流程 500 多条。应用流程共享、关联进行流程节点优化。完成业务与用印等 13 个流程的合并与共享，由原平均约 27 天，提高到平均 4 天完成审批；通过分级授权，各二级单位主要领导日均减少审批流程 68%。聚焦项目业务流程，如项目材料、分包、设备与周材租赁四类业务的合同、结算、支付在线审批、自动结算，并通过资金支付"倒逼"业务规范管理，解决了无合同不结算、无结算不支付、超合同比例不付款等管理问题。

价值 4：促进报表简化与风险预控。项目生产经营数据在线共享，实现局、公司及项目三级远程在线成本分析，风险自动预警，为管理层决策提供及时有效的支撑，局和公司层面聚焦效益强化过程管控，能更全面、有效地掌握项目过程运行状况，降低管理风险；并更方便、快捷地为项目提供服务，提高管理效率。比如公司商务人员随时随地通过系统全面了解每个项目总承包合同的具体执行与收入情况、分包、物资、租赁等支出类合同的执行、结算、支付情况，并对项目成本进行分析，到现场更能找准问题，深入分析，实现对项目成本的更精细化管理。

问题 1：数字化转型目标与任务不明确。建筑企业普遍缺乏对数字化转型的深刻理解，结合企业实际，并不明确要做什么、能做什么以及怎么做。很难找准数字技术与业务场景融合的切入点，因此无法制定科学、系统的方法推进数字化转型，更多地是购买第三方产品满足业务需求，逐渐偏离顶层设计，呈现战略规划与落地实施"两张皮"，转型价值难以显现。

问题 2：传统管理体系与模式较僵化，不适应用数字化转型。建筑企业特别是大型建筑公司，各部门职责分工明确，逐渐形成专业壁垒，跨部门协同协作等开放、共享意识不足，部门与部门之间、岗位与岗位之间低耦合，部门只关注自己的"一亩三分地",格局站位有待提高,工作体系僵化,很难打破现状和优化体系。

问题3:全员数字化思维有差距。数字化转型是企业全员参与的一项持续性、系统性工程。企业部分管理者特别是领导者的思维被传统的管理理念和体制机制所束缚,而且建筑行业缺乏数字人才,仅依靠传统的IT人才已不能满足企业数字化转型的需要,真正需要的是横跨多领域、学习能力更强、综合素质更高的复合型人才——既懂数字技术,又懂业务和管理。

A.23 陕西建工控股集团有限公司数字化转型应用情况调研

调研时间:

2022年10月31日。

出席调研人员名单:

陕西建工控股集团有限公司副董事长、陕西建工集团股份有限公司总经理、陕西建工集团数字科技有限公司董事长:莫勇;

陕西建工控股集团有限公司信息管理部经理、陕西建工集团数字科技有限公司总经理:李宁;

陕西建工控股集团有限公司集中采购中心经理、陕西建工材料设备物流集团有限公司董事长:周鹏;

陕西建工控股集团有限公司科技创新部经理、陕西建工未来城市创新科技有限公司董事长:时炜;

陕西建工集团数字科技有限公司办公室副主任:李琛;

陕西建工集团数字科技有限公司人力资源副经理:赵泉;

陕西建工集团数字科技有限公司商务合约部经理:巴磊,

陕西建工集团数字科技有限公司建设管理经理:步帆;

陕西建工集团数字科技有限公司运维管理中心副经理:郭祯;

陕西建工集团数字科技有限公司商务管理部副经理:李艳;

陕西建工集团数字科技有限公司产品研发部副经理:万靖宇;

陕西建工集团数字科技有限公司智能建造中心副经理:王小斌;

陕西建工集团数字科技有限公司业务架构师:雷硕;

陕西建工集团数字科技有限公司PMO常务委员:丁清泉。

企业基本信息:

陕西建工控股集团有限公司是陕西省政府直属的国有独资企业,注册资本金51亿元。所属核心企业陕西建工集团股份有限公司（以下简称陕建集团）是A股上市公司（600248），拥有建筑工程施工总承包特级资质9个、市政公用工程施工总承包特级资质4个、石油化工工程施工总承包特级资质1个、公路工程施工总承包特级资质1个，甲级设计资质17个及海外经营权的省属大型综合企业集团。"十三五"期间，收入实现年均17%的复合增长率，2021年实现营收近1600亿元，2022年上半年营收870.69亿元；员工总数近3.2万人，其中各类中高级技术职称万余人；国内市场覆盖31个省、自治区、直辖市，国际业务拓展到32个国家，在建项目4000多个。正向着挺进世界500强和打造国际一流的现代化综合建筑服务商的目标努力迈进。

1. 企业数字化应用情况

陕建集团的信息化建设总体可以分为4个阶段。

第一阶段：2017年之前，岗位级工具性应用阶段。在此阶段内，陕建集团通过信息技术、计算机辅助办公；广泛使用专业工具软件，以提高工作效率。

第二阶段：2017~2021年，部门级系统性应用阶段。在此阶段内，陕建集团成立信息管理部，统一制定关键标准制度，加强系统集成化管理，部门业务系统得到广泛应用，部分基础较好、标准化程度高的部门已实现系统与管理融合。

第三阶段：2021年至今，形成企业级集成性应用阶段。在此阶段内，成立陕西建工集团数字科技有限公司（以下简称陕建数科），完成组织创新，把专业的事交给专业的人来做，通过市场化手段、公司化运营、实体化服务，推动集团数字化能力建设提质增效，信息技术与企业管理做到初步融合，业财一体化、综合项目管理在系统集成方面取得成效。

第四阶段：2025年进入社会级互联性应用阶段，"以互联网+"为发展方向，以数字化为发展核心，逐步实现资源数字化、资产数字化、服务数字化。

为保障数字化转型工作推进，陕建集团进行组织变革，集团主要领导挂帅信息化领导小组，在小组领导下，成立数字科技公司，形成"1部+1公司+N单位"的管办分离的IT治理架构，为集团数字化转型提供组织保障。其中，"1部"是指集团及下属单位信息管理部，"1公司"指陕建数科，"N单位"指集团各层级、各部门的信息化需求方。集团信息化领导小组输出IT战略，总部信息管理部做计划和管理，子集团信息部门以及各业务信息化专员、陕建数科共同支撑数字化转型的实践。此外集团信息化领导小组下设信息化专业组，分别管理业务信息化专员。

2. 企业数字化应用特征

"十四五"期间，陕建集团面临新一轮的行业竞争和一些新的管理问题。通过数字化转型赢得竞争优势，是陕建集团追求高质量发展的重要课题。在此情况下，陕建将数字化转型作为全集团的战略工作，科学规划、系统部署，集团领导包抓、层层压实责任、列入年度考核。陕建集团数字化工作开展的特点可以总结为高点起步、规划先行、组织创新。

首先是开展顶层设计。2021年5月，集团结合先行经验与发展趋势，在现状全方位诊断的基础上制定了集团"168"战略，即"1个基本目标、6项核心架构、8大项目群"：1个基本目标，到2025年陕建集团的管理和信息化水平达到国内同行一流水平；6项核心架构，业务架构（解决以业务为核心的价值导向的问题）、应用架构（解决信息系统功能和责任边界的问题）、集成架构（解决互联互通的问题）、技术架构（解决资源配置和安全稳定的问题）、数据架构（解决数据资产有什么、谁来管，怎么用的问题）、治理架构（解决业务和IT融合及责权边界的问题）；8大项目群，综合管理项目群、财务管理项目群、数字化项目群、人力资源项目群、科研设计项目群、建造一体项目群、集成技术项目群、基础设施项目群。

在"168"数字化转型战略指导下，公司围绕建筑业数字化转型升级的总体目标，以模式创新为引领，以产业链整合为思路，以平台建设为引擎，积极筹划，快速行动，为建筑行业注入新活力。陕建集团拟投资4.62亿元，通过"8大项目群"的系统推进，打造数字化应用典型场景，推动数字化转型落地实践，力争在2025年建成数字陕建。

其次是公司化运营，放活体制机制。数字化转型是一场系统性、全局性、高投入的长期工程，为确保长期战略目标的实现，陕建集团于2021年8月成立了陕西建工集团数字科技有限公司，聚焦于建筑业数字化转型的使命，集中优势资源打造复合型人才队伍，沉淀数字化项目实践经验，全方位提升陕建集团的数字化进程。

再次是建立机制，加强监督考评。为确保数字化转型落地成效，集团将网络安全、数字化转型等职能并入信息化领导小组，进一步明确了集团各单位的工作职责，形成了精简高效的组织体系，已开展各专题组会议和月度综合会议32次，发挥了对集团数字化转型的领导、决策作用。同时，集团将数字化转型工作列入年度综改事项，每月综改会议由集团主要领导组织召开，抓落实、明要求，目前相关工作已完成年度计划的70%。

在陕建集团的数字化建设过程中，取得了一系列显著成果，并对经验模式进行了总结。企业数字化建设第一要务是实现统一思想，集团共下"一盘棋"。通过对"168"战略进行多轮征求意见、评审、下发和宣贯，数字化转型工作的目标、思路、要求得到了集团上下的一致认同，"统建统管"的建设模式夯实了转型地基，一体化底座平台的技术架构稳定了转型框架，公司化运营的发展模式确保了转型动力，IT及数据资产一体化的发展方针明晰了转型价值。

围绕产业链，系统性开展数字化转型是陕建集团数字化建设的一项重要经验。在产业链上游，陕建集团重点推进了数字化采购平台、劳务平台以及科技创新类平台的建设，实现降成本、促合规、育创新的目的；在产业链中游，通过打造施工管理和项企一体化来推动整体运营效率提升；在产业链下游，通过打造智慧物业、机电运营平台，重塑客户体验、提升企业效能。通过数据资产盘活和金融赋能，构建多方共赢、融合创新的产业链新生态。

深耕供应链，协同上游企业降本增效也是陕建集团数字化建设的成功经验之一。陕建集团以构建数字化平台为发展抓手，不断创新商业模式，全力打造陕建云采、华山云商平台，构建了钢材交易平台化的运营体系，对内降低了采购成本，对外提高了优质供应商的协同效率。为有效解决农民工工资拖欠问题，陕建集团搭建了建筑工人实名制系统管理平台，目前已累计注册劳务工人和管理人员共计72.9万余名，并实现了与陕西省人力资源和社会保障厅农民工工资监控预警系统、陕西省住房和城乡建设厅陕西省建筑工人实名制管理系统、全国建筑工人管理信息服务平台的实时对接。通过加强对农民工的实名制管理和工资发放，有效提升了集团在这方面的管理质量、效率和成效。

在施工主业，陕建集团致力于打造数据消费场景。聚焦施工环节数字化，打造"智慧工地+建筑信息模型（BIM）+项目管理系统"铁三角，通过智慧工地解决物料和设备数字化，通过BIM解决产品数字化，通过项目管理系统解决人和流程数字化，将核心系统搭建在统一的技术底座上，实现了标准化的数据存储与共享。作为数字施工的"先行军"，集团发布了2项智慧工地标准，已集成超过135个在建工程，在进度、质量、安全、物料等各环节实现数据联动。

为解决现有系统信息无法互联互通，数据质量差、管理不规范等问题，集团建立了主数据管理的统一平台，通过制定数据标准、开展数据治理，盘活了数据资产、提高了数据价值。目前已纳入平台统一管理的主数据有组织、人员、物料、客商、项目共40万余条，涵盖485个独立法人企业、7954个管理部门、5万余名职工、12万余物料编码，与集团的办公、财务、劳务实名制、大数据平台等多套系统打通接口，实现了系统的互联互通和数据的价值流转。

在云的建设方面，根据集团"168"战略规划，数科公司已完成了集团私有云（名称："陕建云"）的招标投标和部署、测试工作。一期99台服务器及网络设备已全部上架运行，云管平台和运营平台已全面部署完成。2022年7月初正式对内提供服务，9月份陕建云资源使用量已超过90%，于当月底迅速完成二期扩容。通过全面建云、上云、用云，为集团所有信息系统和数据资产提供了海量的基础设施资源和强大的网络安全保障。

围绕推动建筑业物联网平台的建设、沉淀工程项目数据资产、孵化应用生态的总体目标，集团整合了分散的智慧工地业务，搭建统一的物联网平台，实现了与劳务管理、机电运维等系统的联通，编制了物联网标准体系规范，明确了326项技术和数据标准以及77类机械施工类设备的接入标准。目前，物联网平台已具备接入77类工地设备的能力，集团的智能建造开启新篇章，步入自主可控、敏捷创新的阶段。

此外，陕建集团与西安交通大学组建联合研究中心，构建"三位一体"的创新协作模式和"科学家＋工程师"的成果转化模式，目前已有19支科研联合队伍，开展了19项课题，探索科研成果高效转化为生产力的途径。正在推进建设的科技创新平台和建筑信息模型协同设计平台，为科技创新和工程设计工作进一步提质增效。

为解决跨组织流程断裂、用户体验差、缺乏移动端等问题，实现配套升级，全面提升运营效率，集团新办公系统于2022年1月全面上线，10月，OA系统已覆盖整个集团业务，共覆盖5万余名员工，覆盖率达到100%，系统访问次数近380万人次，企业微信日均访问15500人次，使用趋势稳中有升；上线业务流程2800多条，业务发起共17万多次，处理业务共110多万次。集团总部发起流程7700余条，参与26800余条流程审批，各职能部门平均办结率达90%以上；创建文档15000余份，发布公文通知1070余份，系统使用度较高。移动办公实现全覆盖、审批流程实现全打通，"让数据多跑路，让职工少跑腿"。

在未来的数字化建设工作中，陕建集团将围绕"168"战略的总体目标，力争到2025年，实现信息化水平和管理水平达到行业一流，紧紧围绕年度计划的各项工作任务，确保数字化转型全力支撑集团高质量发展；不断探索和完善符合数字化转型人才队伍的"引用育留"机制，不断培养传统员工提升数字时代新员工的能力，构建数字陕建的核心竞争力；在筑链、补链、延链、强链上不断探索和尝试，聚力打造行业数字化转型的"陕建模式"，积极探索打造建筑产业互联网平台，拉通行业上下游的业务流、数据流、技术流、资源流，链接政府、建设单位、施工企业、供应链金融机构，构建"平台共建共生、数据共建共享、应用共建共用"的建筑业新生态，推动技术创新与产业发展的深度融合。

3. 企业对数字化价值的认知及面临的问题和建议

问题1：数据打通难，不足以支撑集团决策。大部分下属单位的智慧工地建设侧重于对单一项目的管理，现有智慧工地的物联设备缺乏统一的管理标准，设备零散化，同类设备存在数据孤岛、重复接入、重复部署、重复建设等情况，信息碎片化现象严重，无法有效支撑集团层面的智能化决策。

问题2：综合性数字化人才稀缺。企业缺乏既懂建筑业务又具备数字化建设经验的复合型人才，需要不断探索和完善符合数字化转型人才队伍的"引用育留"机制，加大培养和引进力度，以及通过公司化运营的方式提高对人才的吸引力和竞争力，充分整合内外力量。

建议1.近年来建筑业数字化转型有了长足进步，但数字化转型工作是长期系统工程，投资大、难度高，亟待配套相应的激励体系。

例如：将企业数字化转型相关评价指标纳入国有企业年度考核体系或进行专项考核，压实各企业主要领导的责任；对先行先试、创新探索企业给予支持和鼓励，通过专项申报和评选，创造示范带动作用；对企业数字化转型相关成本做业务审计，经审计符合条件的在税前做加计扣除；对围绕数字化转型成立的数字科技公司，给予人才引进、薪酬总额、项目补贴等配套激励措施。